鳥と人間の文化誌

関西学院大学研究叢書 第205編

奥野卓司
Okuno Takuji

筑摩書房

鳥と人間の文化誌　目次

はじめに　11
第一章　「花鳥風月」は日本文化か
1「花鳥風月」の由来　16
2鳥に抱く「憧れ」と「怖れ」　27
3大幅な再構成が進む鳥の分類　32
4ゲノム解析で明らかになった鳥の起源　36
5古代日本における鳥と人間　41
6家禽化に残る謎　45
7日本へのニワトリの道　50
8鳥の文化表象の多義性について　54
9「鳥の文化誌」の研究方法　58
第二章　若冲と鶴亭の「博物画」の皮膜
1「花鳥画」と「博物画」の定義の曖昧性　62

2鳥の表象の両義性　65
3若冲のニワトリとツルから見えること　69
4ツルのイメージと実態の落差　74
5コウノトリはなぜ混同されたのか　81
6東西にみる近世の鳥表象の差異　87

第三章　江戸期の「国際的」な博物学

1「鎖国」という虚構　94
2「生類憐みの令」はなかった　101
3殿様の趣味から町民へ拡大した鳥飼いブーム　106
4鳥飼いオタクの代表は曲亭馬琴　111
5「孔雀茶屋」「花鳥茶屋」など見世物興行の流行　114
6鳥好きの江戸時代の名残りをとどめる「お西さま」　117
7アホウドリが定めた「国境」　121

第四章 鳥を使う文化――アビ漁、鷹狩、鵜飼

1「鳥を使う」文化 130
2「占い」に使われた鳥の神秘性 131
3世界で情報伝達に使われたハト 132
4「平和」ではないハトの悲劇 135
5失われた漁法――アビ漁 138
6変容した「鷹狩」 142
7世界に広がっていた鵜飼 149
8「長良川」という作られた伝統 157
9漁業から観光へ 164

第五章 現代における鳥と人間の風景

1鳥に関わる人類の分類学 178
2鳥を食べる人たちの自家撞着 188
3アーミッシュとニワトリ工場の間で 192

4鳥インフルエンザ感染の犯人　197
5人間本位の「害鳥」と「益鳥」の区分　199
6「鳥はなぜ飛べるのか」再考　203
第六章　鳥と人工知能の未来学
1鳥に近づく情報技術　212
2現実化された鳥のテクノロジー　219
3『火の鳥』に展開された意味　223
おわりに——渡りの果てに　225
参考文献　231

鳥と人間の文化誌

はじめに

千年の時間をへだてて、太平洋の東と西で、鳥を見つめる二人の思いがあった。ともに鳥たちをあたたかく迎えながら、その思いは鏡のように反転していた。この二つの思いの異なり方は、鳥によるものでも、彼ら自身によるものでもない。鳥と人の関係性から醸成されたものだった。

「時鳥《ほととぎす》は、猶《なほ》、更《さら》に、言《い》ふべき方《かた》、無《な》し。何時《いつ》しか、したり顔《がほ》にも聞《き》こえ、歌《うた》に、卯《う》の花《はな》、花橘《はなたちばな》などに宿《やど》りをして、将《はた》、隠《かく》れたるも、妬気《ねたげ》なる心延《こころば》へなり。五月雨《さみだれ》の短夜《みじかよ》に寝覚《ねざ》めをして、何《いか》で、人《ひと》より先《さき》に聞《き》かむと、待《ま》たれて、夜深《よふか》く、打《う》ち出《い》でたる声《こゑ》の、労々《らうらう》じう、愛敬《あいぎやう》付《づ》きたる、いみじう、心憧《こころあくが》れ、為《せ》む方《かた》無《な》し。六月《みなづき》に成《な》りぬれば、音《おと》もせず成《な》りぬる、全《すべ》て、言《い》ふも、愚《おろ》かなり。夜鳴《よるな》く物《もの》、全《すべ》て、何《いつ》れも、何《いづ》れも、めでたし。児《ちご》どものみぞ、然《さ》しも無《な》

き。」　（清少納言『枕草子（上）』〔島内裕子校訂訳〕第四八段「鳥は」、ちくま学芸文庫、二〇一七年）

「ナットは小鳥たちを、そして、海鳥たちを見つめた。彼らは眼下の入り江で、潮流の変化を待っている。海鳥たちは他の連中よりも忍耐強い。水際に見られるミヤコドリやアカアシシギやミユビシギ、そして、ダイシャクシギ。寄せては返すゆったりした波が、海草を残し、小石を洗っていく浜を、海鳥たちは駆けめぐる。やがて彼らもあの飛翔への衝動に捉えられ、叫び、鳴き、わめきながら、静かな海をかすめて、海岸をあとにする。急げ、もっと速く、さあ、行け――でもどこへ？　なんのために？　秋の狂おしい欲求、満たされることのない悲しい欲求が、彼らに魔法をかけたのだ。彼らは群れを成し、旋回し、叫ばねばならない。冬が来る前に、いらだちを振り払うために。

「おそらく」崖っぷちでパスティーを食べながら、ナットは考えた。「秋になると、なんらかのメッセージが鳥たちに届くんだろう。一種の警告のようなものが。冬がもうじき来る。連中の多くが死ぬことになる。だからちょうど、寿命が来る前から死を恐れる人間たちが懸命に働いたり、愚行に走ったりするのと同じように、連中もじっとしていられなくなるんだ」

（ダフネ・デュ・モーリア『鳥――デュ・モーリア傑作集』務台夏子訳、創元推理文庫、二〇〇〇年）

祇園祭の宵山に、台湾の大学の友人たちを連れて行くと、彼らはペルシャや中国から来たタペストリーや山鉾の解説を読んで、日本の神話からの由来と中国の故事との矛盾を質問してきた。鶏鉾について、天岩戸から説明するのと、皇帝の邸の前の石に乗った鶏から説明するのでは、太平洋と同じくらい距離がある。

地元の文化をグローバルな背景から説明しようとすると、本当に難しいと思うことが多い。しかし、彼らの質問から、その共通点に気づかせてもらえることもあり、この本ではその答えに近づけたらと思っている。

大学院生のころ、シルクロード一辺倒の説になんとなく疑問を感じて、カイコが中国から南下して、東南アジアから台湾、琉球、奄美へという道もあることを明らかにしたいと夢想はしていた。

そこから漠然と、飼育されたニワトリだけでなく鵜飼のウのような、人間とともに渡ってきた文化も同様の道をたどったのではないか、と漠然と考えてきた。とすれば、その海域の鳥にかかわる芸術もまた同じような道を来たかもしれない。

まだほとんど誰も伊藤若冲の絵に関心のなかった二十年以上前に、当時、国際日本文化研究センターの共同研究会で辻惟雄先生に教えていただいて、「鎖国」の江戸時代にこんなニワトリが京都にいたのかと驚き、興味をもった。

日本の神話や説話、図絵にも、その文化の流れの痕跡は残っているかもしれない。「スサノオ」や「エビス」についての記述が「歴史的事実」というのではなく、その時代にそう語られていたということは「事実」である。

「記紀」の編集過程で作り替えられ、明治期の廃仏毀釈で影も形もなくなった物語もある。それでも、正倉院の文物などをじっくり見ていくと、さまざまな鳥が、神社の伝承や由緒書き、紋章等に残っていることに気がついた。日本では、鳥をモチーフにした文様も多く描かれている。日本の鳥の表象の奥にあるこうした物語を、世界の海図をもって辿ってみたい。この本はそこから始まる。

第一章

「花鳥風月」は日本文化か

1 「花鳥風月」の由来

多くの日本人が鳥を好んでいる。

ということは、ほとんど疑われていないようだ。だがはたして、そうだろうか。

この本は「鳥好き」を前提にして書かれているのだろうと思われているかもしれないが、まずはいったん立ちどまって考えたい。鳥と人間の関係に関心をもってきたが、鳥類学者ではなく、文化人類学を専攻してきたぼくが、鳥類学の研究所の所長になってすぐに疑念をもったのは、本当に日本人は「鳥が好きなのか」ということだった。

鳥と日本人というと、まず思いつく言葉が「花鳥風月」である。昔から日本人がそろって好ましく感じてきたものとして「花」「鳥」「風」「月」がある、ということだろう。

だが、ちょっと考えると、そのように四つのアイテムを、個々に「好む」ということなのだろうか、という疑問がわく。なかでも「風」は、後に述べるが気になる。「花」も「月」も、そして「鳥」も、「風」の「形容詞」的な意味で使われているのではないだろうか。

たしかに、今でも四季おりおりに、「花鳥風月」という言葉を口にする人が少なくない。「花鳥風月」は、季節とともに変化する美しい風景の象徴であり、またそれらをこよなく愛する日本人の、繊細な情緒を表わす表現として多用されてきたのは間違いない。

この言葉は、世阿弥が記した能の書『風姿花伝《ふうしかでん》』の中で、「稽古すべき各種の芸に対する注意」として「上職の品々、花鳥風月の事態、いかにもいかにも細かに似すべし」と記されていることに由来している。

「花」「月」「風」を風雅の象徴とするとして、では動物はなぜ「獣」や「魚」ではなく、「鳥」なのだろうか。日本が海に囲まれ、河川がかたちづくる豊かな地形が多いことを考えれば、「魚」がとりあげられてもよい。

植物学者の中尾佐助（一九一六―一九九三年）や民族学者の佐々木高明（一九二九―二〇一三年）らの「照葉樹林文化論」、里山の国であるとする先人たちの「日本文化論」をふりかえれば、日本人にとって「獣」との関わりも深いものがあったと考えられる。

それにもかかわらず、なぜ「花獣風月」や「花魚風月」ではなく、「花鳥風月」なのだろうか。そして実際、ぼく自身もふくめ多くの日本人が、獣や魚より鳥の方に風雅さを感じるのはなぜなのか。

その一方で、華やかとは言えない「侘《わ》び」「寂《さ》び」もまた、日本文化を示す言葉とされている。さらに歌舞伎や着物の「粋」もまた、日本の美意識を象徴する言葉として用いられている。

日本文化を象徴するとしてこれまで主張され、日本人自身が漠然と受け入れてきたそれらの概念は、しばしば相互に矛盾した意味を含んでおり、「日本文化」とは何か、日本人の美意識とは何かを真剣に問いはじめると答えは簡単ではない。

本書では、こうした現象の背後にある日本人と「鳥」の関係性をめぐって、太古から未来への時間軸を縦横に横切りながら、世界各地の文化との比較のなかでそれを検討していきたい。

古来、日本には「花鳥風月」のそれぞれを題材にした物語、詩歌、音楽、絵画は多い。たとえば、『万葉集』の編纂者の一人とされる大友家持は、とりわけ鳥に関心があったようで、鳥にまつわる歌が多く選ばれている。また『枕草子』でも『源氏物語』でも、「花鳥風月」のそれぞれがしばしばとりあげられている。

さらには、日本には「花鳥画」という絵画の伝統的分野があったこともよく知られている。その主流である狩野派の主要な題材は「花鳥風月」であった。また後に述べるように、伊藤若冲ら狩野派以外の江戸時代の絵師たちや、喜多川歌麿、葛飾北斎などの浮世絵師たちも、鳥、とくにニワトリやツルの絵を数多く描いたことで知られている。

ただ、ここで注意しなければならないのは、その「花鳥」は「花」と「鳥」ではなく、「花鳥」という一組であった、ということだ。もしくは、動植物という漠然とした意味で「鳥」だけを取りあげているのではなかった、ということだ。狩野派の花鳥画においても、そのほとんどが樹木に小さな鳥が乗っている構図であることからも、それがわかる。

いずれにしても「花鳥風月」は、日本文化のあらゆる分野において作品の主要なテーマになってきた。しかも、それらは決して過去の表現としてだけではなく、今日でもマンガ、アニメ、ポピュラー音楽をはじめ、カレンダーやテレビコマーシャルなどにも取り上げられ、若者から高齢者までのほぼ全年代において好まれていると当然のごとく思われている。

そうした意味では、「花鳥風月」は、われわれの生活の中に、美的なもの、良きもの、あるいは「風流」や「風雅」を象徴するものとして広く定着していると言えよう。そして、深く検討されることもなく、「花鳥風月」に親和性や共感性を抱くことが日本人共通の美意識であるかのように思い込まれている。

しかし、今日のわれわれは、それぞれの暮らしのなかで、はたしてそれほど鳥と親しく接しながら暮らしているだろうか。たとえば毎年、桜や紅葉を愛でるように、満ち欠けする月に夢のある物語を感じるように、あるいは木々を渡るさわやかな風に心地よさを感じるように、鳥に親和的な感情を本当に抱いているのだろうか。

むしろ都市化した生活において、実際に鳥を意識するのは、ゴミステーションを荒らすカラスの姿や、夕刻の駅前に集まるムクドリやヒヨドリの騒がしい鳴き声である。それらを考えれば、現代の人間にとって、現実の鳥は必ずしも好ましい存在と感じられているとはいえないだろう。

鳥を飼う、食べるなど、日本人の生活の中で「個体」として鳥が意識され、浸透したのは江戸時代である。それまでも網や鳥刺しなどで鳥を捕って食べることはあったが、近世以前に、鳥が単独で意識的に表現されているものは少ない。日本において鳥は、四季の自然全体の中の一部のものとして扱われていたようだ。

今日のわれわれは、「花鳥風月」という言葉に「華やかさ」や「遊興」のイメージを感じる。しかしこの言葉の由来と考えられている世阿弥（一三六三頃―一四四三年）の『風姿花伝』を読んでいくと、世阿弥に始まり、そこから具象化していく「花鳥風月」は、ワビ、サビ的な暗く静かなものだった。

さらにその具体化としての茶道は、世阿弥も、そこから足利、千家へとつづく教えの中に、華やかでないものに「遊び」の心を観たのだ。その意味での「花鳥風月」が「華やかに」なるには、江戸時代の元禄期（一六八八―一七〇四年）や文化文政期（一八〇四―一八三〇年）での変質を通過するか、もともと「ワビ、サビ」も、いま思われているように古びて枯れたようなものではなかったと考えるほかない。

いずれにせよ「花鳥風月」は、日本人のとらえる「景観」のイメージであり、そこから「鳥」だけをとり出して美を感じるということは、平安時代以降、少なくとも江戸時代中期まではなかった。もしそこに美を感じるとしても、「花」と「月」を中心に「鳥」に対してであっただろう。ここでの「花」は、西洋で美とされた植物の生殖器でなく、「花木」と表現されるものである。

また「月」は、今日の太陽暦のもとでは副次的なものに見なされがちだ。しかし、明治に入って新暦に改暦されるまでは、人々が季節を知るもっとも大きな天文のサインだった。日本の神話でも、天照大神《あまてらすおおみかみ》の次に月読命《つくよみ》がおかれている。日本だけでなく世界の暦の基本は月齢から計算されており、それが潮汐を決めるため、漁業や航海にとって非常に重要な指摘だった。いいかえれば、月とその周期の関係を知っていることが、季節を知るということだったのだ。

そして、これを「遊興」に転換したのが「風」だろう。「風雅」「風俗（優雅と世俗の双方）」や「風狂」というときの「風」だ。「風」を治めようとするのも日本の文化の特徴で、風神、雷神のもたらす大風や野分を治めることは、世の平和や秋の収穫にとって大事なことであった。

さらに、日本人は自分の周囲の木や虫を、自分と同じ「生き物」として心が通じ合うように感じていたという折口信夫以来の言説は、現代の私たちにまで通じるものがある。古くからのこうした日本人のアニミズムでは、その具体例として「草木虫魚」がしばしばとりあげられ、ここでいう「草木」とは「花鳥」でもあったと言えよう。

もともと「花鳥風月」のイメージは、中国に由来している。たとえば唐代の詩人、杜甫（七一二―七七〇年）の有名な「春望」という漢詩では、次のように歌われている。

「国破山河在
城春草木深
感時花濺涙
恨別鳥驚心
烽火連三月
家書抵万金
白頭掻更短
渾欲不勝簪

国破れて山河在り
城春にして草木深し
時に感じては花にも涙を濺ぎ
別れを恨んでは鳥にも心を驚かす
烽火三月に連なり
家書万金に抵たる
白頭掻けば更に短く
渾て簪に勝えざらんと欲す」

ここでの「鳥」は、聖なる予告をする存在、神の言葉を伝達する使者である。また、「花鳥の使い」とは、異性への恋情を媒介する意味ももつ。

こうした中国の鳥についての表象は、日本には奈良時代に異国趣味として入ってきた。それを最もよくあらわしているのは、正倉院の工芸意匠にさまざまな鳥の文様が見られることである。そこには、表面を埋め尽くすかのように、多数の鳥の文様が繰り返し描かれているものもあり、それによって悪霊の侵入を阻止する意味を表現している。

地球規模でみると、古代において最も鳥の表象の多いのは古代エジプトであるが、同じ文様は、紀元前三世紀くらいのペルシャや西アジアなどの文物にも見られる。それらは、そこからシルクロードを通り、中国を経て日本にも伝わったと考えられている。

日本では、当初はそれをそのまま受け入れるが、やがて「日本化」が生じる。その典型が平安時代だった。たとえば、西アジアでは鳥を神の使者としてオアシス的な理想郷が描かれているが、中国ではそこに自然の要素がとりいれられ、美しい鳥や花が描かれるようになった。さらに日本には四季があるため、平安時代には四季の移ろいを背景にした「日本化」が生じた。

具体的には、本書の「はじめに」に引いた、清少納言の『枕草子』の第四八段「鳥は」のように、鳥は季節に応じてあらわれたり消えたりする、季節の移ろいの象徴としてとりあげられている。すなわち「咲き散る花、来たり去る鳥」という表現のように、ある鳥が来ると新しい季節を感じ、その鳥が去ると季節が終わる寂しさを感じているのである。ここには、移ろうがゆえに美しいという心情がみえ、同時に、季節は循環することによって人間を超えた永遠の象徴でもあるという美学が含まれている。

さらに『徒然草』にも次のような文章がある。

「花は盛りに、月は隈なきをのみ、見るものかは。雨に対ひて月を恋ひ、垂れこめて春の行衛知らぬも、なほ、あはれに情深し。咲きぬべきほどの梢、散り萎れたる庭などこそ、見所多けれ。」

（兼好法師『徒然草』第百三十七段）

このように季節を待つ、惜しむという日本文化の特色が、「花鳥風月」という言葉にあらわれていた。つまり、日本の「風と月」、すなわち四季折々の風景を外在化し、「鳥や虫、草花」の全体を「花鳥風月」と見なしたのである。

それは今日でも京菓子、京料理、茶席などでよく使われる季節の「見立て」（季節をかたどった菓子、料理の盛り付けに、次の季節が訪れる少し前に春先なら桜葉、秋先には紅葉をあしらうなど）に近い発想であった。

日本ではこのように「花鳥」とされるものが、インドやタイなどの東南アジアでは、「花獣」が描かれる。この違いはなぜなのか。

日本の暦は、もともと稲作を気候の変化に応じて行うために用いられてきたが、近世以降、上方や江戸で都市生活が始まってからも、稲作の季節感は洗練された形で残り、それは生き物、とくに「花鳥」と深く関わっている。

たとえば「鳥暦」というように、都市の人々もウグイスが鳴くと「春」を感じ、ツバメが軒先に巣をつくると「初夏」を感じる。さらに、シギやチドリがシベリアあたりから干潟に飛来すると「秋」の訪れを感じる。やがてガンの群れが空を飛び、ツルが北から帰ってくると

「冬」の到来を感じることになる。

このように、昔の人々は「月」「花」とともに、「鳥」を見て「暦」にしたのである。鳥類は生理学的には、「気温」ではなく「日長」を、生物としての暦（年周期）、つまり体内時計にしている。気温は年によって、日によって変化するので不確実で、生物の生存にとっては命とりになりかねない、ある日が暖かいからといって、翌日には急に温度が下がることもあるからである。だが「日長」、つまり太陽が地上に出ている時間の長さは地球の公転に基づいているため、毎年一定だ。

鳥たちはもっとも餌の豊富な時期にヒナを育てる。このために毎年、その時期に合わせて鳥の体内で性腺が大きくなる必要があるし、繁殖が終わると、その後の渡りの前に「換羽」、つまり全身の羽毛が生え変わらなければならない。

鳥の体内でこの生理機能をコントロールしているのは、各種のホルモンである。その中枢になっている脳下垂体の指示に従って、各ホルモンの量の分泌が調整されている。そのバランスによって、鳥の生理上の変化、形態や行動の変化が起こる。

この時、その指標にしているのが太陽が地上に出ている時間の長さ、すなわち「日長」であり、それが視床下部を通じて鳥の脳下垂体に伝達される。神経伝導は電気的な信号によるので瞬時に伝達され、即時に反応が現れるが、ホルモンは液体なので時間経過が必要で、その分泌量や蓄積によって「時計」とすることができる。

人間の暦は天体の運行を計算して作られてきた。が、先に述べたように、人々の日常的な感覚には、日の長さより夜間に見る月の満ち欠けと位置の方が明確で、しかもそれが潮の満ち引きとも一致していることが当時の生活から容易にわかったので、多くの国の暦法ではもともと月齢を元にしていた。

日本でも近世には月の満ち欠けをもとに計算し、それと太陽の一年間の動きとのズレを「うるう月」で調整する太陰太陽暦を使ってきた。この暦によって示された啓蟄《けいちつ》、穀雨《こくう》、芒種《ぼうしゅ》などの二十四節気は、季節ごとの生き物や農作物の成長と密接な関連があり、日本人はその季節ごとの「花」「鳥」を愛で、「風」すなわち風雅を感じてきた。「花鳥風月」はこのようにして、季節と生き物の周期性から導かれる美意識として培われたと言えるだろう。

日本の歴史では、とくに鳥を愛でたり表象として重視する「鳥」の時代を何度か繰り返した。万葉の時代、江戸中後期、昭和後半は、そうした「鳥」の時代であったと言えよう。「花鳥風月」は江戸文化のひとつの特質であったが、過去においても現代においても、それは鳥だけを個別に尊重したものではなく、あくまで抽象的な季節による風景のイメージとしてだった。

世界的には、次に述べるように、人間は鳥に「憧れ」と「怖れ」の両面を抱いてきた。とくに西欧では、鳥の飛翔に対する怖れが強い。鳥は人間に敵対する、あるいは人間にコントロールできない不気味な存在として、さまざまな文芸作品や映画、推理小説などにとりあげられている。

一方、日本人も同様に、鳥に「憧れ」と「怖れ」の両面を抱いているにもかかわらず、「花鳥風月」という美しい言説を受け入れてきたところに、日本文化の両義的な特徴があると言えるのではないだろうか。

2鳥に抱く「憧れ」と「怖れ」

人間は古くから鳥に憧れを抱いてきた。

たとえば洋の東西を問わず、世界中で鳥への憧れを表現した曲が数多く歌われている。その中で、私たちにもっとも親しまれているのは「コンドルは飛んでいく（El Condor Pasa）」だろう。一九六〇年代半ばに活躍したアメリカのデュオ「サイモン&ガーファンクル」がペルーの民族音楽をもとにポピュラーソングとしてカバーし、世界的な大ヒット曲となった。

日本でも、フォークグループ「赤い鳥」の「翼をください」をはじめ、鳥をテーマにした多数のポップスがつくられている。中国では、「燕になりたい」が二胡の代表曲として知られている。生身の人間にはできない、飛ぶという能力をもった鳥への「憧れ」は人類共通と言ってよいだろう。

現代文学でも鳥を扱ったものは多いが、リチャード・バックの『かもめのジョナサン』（一九七〇年）は世界的なベストセラーとなった。日本では五木寛之の翻訳によって一九七四年に刊行（新潮社）され、映画化された作品（ホール・バートレット監督）もヒットした。その社会的影響も大きく、後のスピリチュアリティ・ブームのきっかけになると同時に、マンガや小説で数々のパロディもつくられている。

一方で、人間は鳥に怖れも抱いてきた。鳥を人間のコントロールがきかない恐ろしい存在として描いた小説や映画も少なくない。なかでも最もよく知られているのは、本書の「はじめに」で原作の一部を紹介したアルフレッド・ヒッチコック監督の映画『鳥（The Birds）』であろう。また、『ハリー・ポッター』シリーズに登場するフクロウのように、不気味な存在を表象するものとして鳥が描かれている例も多い。

日本でも近代までは、鳥は、どちらかといえば恐ろしく不気味な存在として扱われることが多かった。たとえば、回り舞台いっぱいにつくられた南禅寺山門の、大きく豪華な装置がせりあがることで知られている並木五瓶作の歌舞伎『楼門五三桐《さんもんごさんのきり》』（一七七八年）では、盗賊の石川五右衛門が山門の上で煙管《きせる》を吹かしながら「絶景かな、絶景かな」と叫んでいる。そこへ明国の武人からの手紙をくわえたタカが飛んでくる。

「絶景かな、絶景かな。春の眺めは値千金とは小さい譬え。この五右衛門が目から見れば、一日万両万々両。陽も西山に傾けば、入相の鐘に花ぞ散る。ハテ、麗らかな眺めじゃな。

ハテ、心得ぬ。われを恐れず、この鷹の羽《は》を休むるは。

この鳥は正しく画ける名画の筆勢。

こりゃ、これ、確かに大明に伝わりし筆法。

ナニー、某、かねてより真柴久吉に遺恨を含み、来朝渡海に及び、この日の本を覆し、四海を掌に握らんと計りしところ、高景が計略によって、年来の大望空しく露見せるものなり。」


（並木五瓶作、二〇一〇年三月国立劇場花形歌舞伎公演『金門五山桐』上演台本）

タカは山門の下にいる真柴久吉（羽柴秀吉）が実父の仇であることを知らせ、仇討ちをそそのかす。そして二の柝《き》が打たれ、歌舞伎最大の大道具が舞台をせりあがって真柴久吉が巡礼姿でその門を潜《くぐ》る時、手水《ちょうず》

図1−1　鷲に乗る石川五右衛門（歌川国員「花鳥　鳥」1866年）

鉢の際に行き、その水に映る五右衛門の姿を見て、あの有名なセリフ、「石川や浜の真砂は尽くるとも、世に盗人の種は尽きまじ」をつぶやく名場面である。

この五右衛門がワシに乗って登場する、歌舞伎『けいせい雪月花』を描いた浮世絵もある。

このように、人間が鳥に憧れや怖れという二律背反的な感情を抱くのは、万物の霊長であるはずの人間にない身体機能、すなわち飛翔能力を鳥がもっているからである。それはおそらくは、人間の生得的な感情の両面の現れでもあるだろう。そして、その根源は、人類の進化の歴史の中に見出すことができる。

地上という二次元を生活空間とする動物だった齧歯類《げっし》（ネズミやリスなど）の一部が、樹上に上ってサルに進化して以降、彼らは地上の大半の動物の食物連鎖の輪からぬけ出すことができた。樹上には目の前に食糧（果実）があり、また安全な環境が保障されていた。

もっとも、ほぼ同時代に、恐竜のうち温血性と羽毛を獲得したものがやがて鳥に進化し、その鳥は三次元空間を自由に移動していたため、サルの子どもが襲われる危険はあった。つまり、動物で三次元の世界をもつのは霊長類と鳥類だけであったから、ヒトの祖先である霊長類にとって、鳥だけが天敵ということになった。

このように有利な環境が保障されているにもかかわらず、その霊長類のなかで木から下りたサルが、わざわざ危険な二次元の世界に戻って地上生活を始め、やがてヒトに「進化」した。

人類学の領域では、これをヒト科の「進化」と説明する。しかし、生態学的にみれば、むしろ「退化」ではないのか。

実際、二次元の世界に戻って有利なことはなかった。直立二足歩行を始め、他の動物を狩猟し食糧にしたと言えば勇ましく聞こえるが、実際は、乾燥期に入ったアフリカ大陸で、肉食動物から逃げつつ、樹上から落ちてきた果実を拾って食べ、ときどき群れで草食動物を襲い、その肉にありついていたのが実態だ。

そして、そうした二次元の世界での移動生活が長く続いても、ヒトが遺伝子の記憶として、もっとも恐れていたのは三次元の動物、すなわち鳥類だった。

かくて人類は、憧れと怖れを抱く鳥をまねて飛ぼうとする試みを何世紀にもわたって続けてきた。その挑戦者たちとしては、鳥の骨格を徹底的に研究して「鳥型飛行機」を作ったレオナルド・ダ・ヴィンチ（一四五二―一五一九年）をはじめ、フランスのモンゴルフィエ兄弟（ジョゼフ＝ミシェル（一七四〇―一八一〇年）、ジャック＝エティエンヌ（一七四五―一七九九年））、日本でも平賀源内（一七二八―一七八〇年）や岡山の表具職人だった浮田《うきた》幸吉（一七五七―一八四七年）など枚挙にいとまがない。

さらに、当時の琉球の花火師だった安里周祥《あさとしゅうしょう》（一七六八―一八二五年）が、世界で最初に鳥型の飛行体で飛翔したという文書も残っている。

彼らはいずれも、鳥の飛行に憧れ、鳥の羽ばたきを模倣した、いわば「鳥人間」であった。しかし残念ながら、彼らが飛翔に成功することはなかった。鳥が大きな羽を上下に動かして、空気を下に送り、空中に浮かぶようにみえたのは、人間の思い込みにすぎなかったからだ。

これに対して、鳥の模倣ではない技術での飛行をめざしたのは、アメリカのオットー・リリエンタール（一八四八—一八九六年）やライト兄弟（ウィルバー〔一八六七—一九一二年〕、オーヴィル〔一八七一—一九四八年〕）であり、よく知られているように、公式には世界で初めて飛行機開発に成功したのはライト兄弟であるとされている（鳥の飛行と飛行機の飛行の違いについては、第五章で詳述する）。

こうして、人間が鳥への根源的な憧れと怖れというアンビバレントな感情を抱くことは、世界中で太古から今日にまで及んでいる。

3 大幅な再構成が進む鳥の分類

現在登録されている世界の鳥の種類は約九千九百五十—一万種とされており、地上の脊椎動物全体（約三万六千種）の約三分の一と大きな割合を占めている。鳥類は種数とともに個体数が多いのも特徴で、ハチドリなどの小さな鳥からダチョウのような大きな鳥まで存在し、全体の正確な数は把握しきれていない。ちなみに哺乳類は、鳥類の約半数の四千五百種である。

なお、約一万種近い鳥のうち、日本にいる鳥は約六百種とされている。ただ、鳥には「日本に」という言い方は通用しない。鳥は常に飛翔する生き物だからである。日本にいる鳥もその多くが渡り鳥で、季節ごとに外国から日本列島に飛来している。

それ以外には、漂鳥《ひょうちょう》と留鳥《りゅうちょう》がいる。漂鳥は日本国内で南北に行き来している。それに対して同じ場所に生息して移動をしないのが留鳥だが、日本列島ではそれほど多くはない。

さて、生物学者はこれらを「分類」する。動物のなかでも「鳥類」は比較的詳細に分類されてきた。動物学における鳥類の分類の最初の体系は、一六七六年に、フランシス・ウィラビィ（一六三五―一六七二年）とジョン・レイ（一六二七―一七〇五年）によって編集された『鳥類学』(*Ornithologia*) で定義された。

これをもとに、「分類学の父」と称されるカール・フォン・リンネ（一七〇七―一七七八年）が、他の動物のようなリンネ式分類体系「綱・目・属」の階層構造を定め、その中で鳥類は、生物学的分類目の鳥綱として分類された。しかし今日の系統分類では、後に述べるように、この鳥綱を恐竜の一種である獣脚類から進化したものとして、つまり恐竜の末裔として位置づけている。

日本でも一九一二年に日本鳥学会が結成され、まず行われたのが鳥の分類だった。「鳥類学会」ではなく「鳥《ちょう》学会」というのも、会員ではあっても鳥類学者ではないぼくには、奇異な感じがする。その頃は、各地を探検し、また採集者を派遣して鳥を捕まえ、新種やちょっとした違いの亜種を見つけては命名することが、鳥類学者の鳥類学者たる由縁だったらしい。しかし二十世紀の後半以降は、鳥類の新種の発見は少なくなり、すでに登録されている種を系統的に明確に分類するということに分類学の方向は変わった。

近年の日本の鳥類の新種発見としては、「山階鳥類研究所による沖縄島北部に棲む飛ばない鳥、ヤンバルクイナの発見」とよく言われる。しかしこれも、山階鳥研が最初にこの鳥を見つけたのではない。この地域では、昔から山仕事をする人々のなかでは、この鳥を「アガチ（慌てもの）」とか「ヤマドゥイ（山鳥）」という名で呼んで知られていた。

その噂《うわさ》を聞いた山階鳥研の所員が、実際に不明とされていたクイナ類の鳥を目撃した。そこで、山階鳥研では調査チームを組織し、一九八一年にこの鳥を捕獲し、同年十二月にその地域の名称をとって「ヤンバルクイナ」と名づけ、新種記載の論文を発表した。

また、その際には、そのもとになった鳥の標本を「タイプ標本」として指定し、山階鳥研の標本収蔵庫に保管したというのが正確なのである。こうして、鳥類学的には新種として「発見」されたということになるのだ。

なお従来の動物種の系統分類においては、外形、行動のよく似たものを近似種としてきた。鳥は小さな身体で空を飛ぶという、脊椎動物にしては特異な特徴をもち移動範囲が広いため、従来は行動学的な観点から、生態、行動、骨格の類似性が分類の根拠とされた。すなわち、同じ形態、同じ色、同じ食物を摂取しているものを同じグループとして分類してきたのである。

このため、遺伝的には遠い種でも、同じ環境下で生活する場合、飛翔のために外見的にはよく似た形態になるので、しばしば近似種として扱われてきた。ところが近年では、ゲノム配列の比較によって、とくに鳥類については、この系統分類の大幅な修正と根本的な再構成が行われている。

図1−2　7万点以上の鳥類剝製を収蔵している山階鳥類研究所の標本収蔵庫

最近では二〇一二年九月に、日本鳥学会創設百周年を記念する出版物として『日本鳥類目録改訂第七版』（日本鳥学会編）が刊行された。この版では、これまでのフィルムカメラに代わって、デジタルカメラの使用により国内各地で多くの鳥が撮影されて記録され、「日本産鳥」として加えられるとともに、山階鳥類研究所の所員が参画して、DNAの塩基配列をシークエンサーという分析装置で読みとり、その結果を比較することによって大きく分類が変わった鳥類がある。

山階鳥研自然誌研究室の山崎剛史室長は「ハヤブサはワルぶったインコだ」というが、それまでタカ目に分類されていたハヤブサが独立したハヤブサ目となり、インコに近いグループに分類された。ワシ、タカのように精悍なイメージの強いハヤブサが、かわいいインコに近いというのは意外だが、ハヤブサはDNA配列がインコにより近いため、インコと共通の祖先から分化してきたとされるのである。

この他、後に述べる特別天然記念物のトキも、姿のよく似ているコウノトリ目からペリカン目に変わった。また鵜飼に使われているウミウは、ペリカン目からカツオドリ目に変えられた。これがあまりに意外なのか、鵜飼を行っている観光地のパンフレットのなかには、いまだに「ペリカンの仲間のウは」などと記載されたままのものもある。

このようにゲノムの研究が進み、これまでは姿形や行動で違うとされてきた鳥が、意外に近縁なのがわかってきたのだ。しかし、これらはあくまでも生物学の分類である。もし本書のような、社会における鳥と人間との関係を解読する「鳥の文化誌」という分野があるとすれば、生物学的な分類とはまったく異なったものになるのではなかろうか。

今のところは個人的な見解にすぎないが、この「鳥の文化誌」という観点から鳥を分類すると、鳥類は「野鳥」と「飼鳥」、そして家畜としての「家禽」の三種類に分けることができるだろう。

4　ゲノム解析で明らかになった鳥の起源

以上のように鳥については大幅な再分類が進んでいるが、近年のもっとも大きな進化史的な発見は、前述したように、鳥の祖先が恐竜ということが明らかになってきたことだ。つまり恐竜は絶滅したのではなく、その一部が、最初の鳥とされる始祖鳥の近縁種に進化したことが、化石とゲノムの解析によって確実になったわけだ。

だが多くの人は、恐竜が鳥の祖先とされたことを聞いたことはあっても、さらに細かく分類して「鳥盤類恐竜」と「獣脚類恐竜」のうち、どちらが鳥の祖先かときかれれば、その名前のイメージから「鳥盤類」と答える人が多いだろう。しかしゲノム解析をしてみると、実は獣脚類恐竜のなかの小型のものが鳥の祖先であることが判明したのである。

獣脚類恐竜には、ティラノサウルスのような（ゴジラ型の）肉食恐竜が多い。これに対して鳥盤類恐竜は、トリケラトプスのように四本足で歩く草食恐竜のことだ。そして、鳥盤類恐竜は四足歩行のままだったのに対して、二足歩行した獣脚類恐竜が使わなくなった前足を翼に進化させたというのだ。

しかもこの進化した翼は、当初は「飛ぶために」使われたのではなく、雄が雌を誘う時に「見せびらかす」ために使われたといわれていることは興味深い。それが結果的にその翼で飛ぶことになったのは、偶然だと見なされている。これを「必然」とすると、そこに超自然的な力を想定しなければいけなくなるからだ。

ダーウィン（一八〇九―一八八二年）は神の存在すなわち超自然的な力を否定して、いわゆる「進化論」を主張し、『種の起源』を著わした。そこでは、自然界における競争によって、より有利な形質をもったもの同士の交雑の機会が増えるので、結果的に自然淘汰が起こり、有利な特質が定着していくと考えられている。

たとえば、他の肉食恐竜に追われた小型の獣脚類恐竜は二足で逃げるとき、翼でもがきながら走っているうちに、しだいに跳躍に近い形になっていく。より長く跳躍する方が、捕食者に捕まる可能性が低いので、跳躍距離が長い恐竜が生き残り、飛ぶようになった。すなわち、鳥になったというのが、鳥類考古学者による定説のようである。

彼らは、翼に似た前足が長い時間をかけて進化し、結果的に今日の羽になったというのだ。ここには、ダーウィンの「選択説」の影響が強くみられる。たしかに結果からはそう言えるが、ぼくはどうもこういう説はにわかには信じがたい。むしろ何かにつけて慎重な印象が強い鳥類学者が、この説を素直に信じているのにはややとまどってしまう。

恐竜から鳥に至るまでに、飛ぶ距離が短い恐竜と長い恐竜が併存していて、統計的に飛ぶ距離が長い恐竜が生き残ったという話は、その中間過程はどうだったのかということがひっかかり、ぼくはにわかには信じられないのだ。

キリンのクビが長くなる途上では、地上の草も樹上の木の実も、ともに食べにくくなるはず

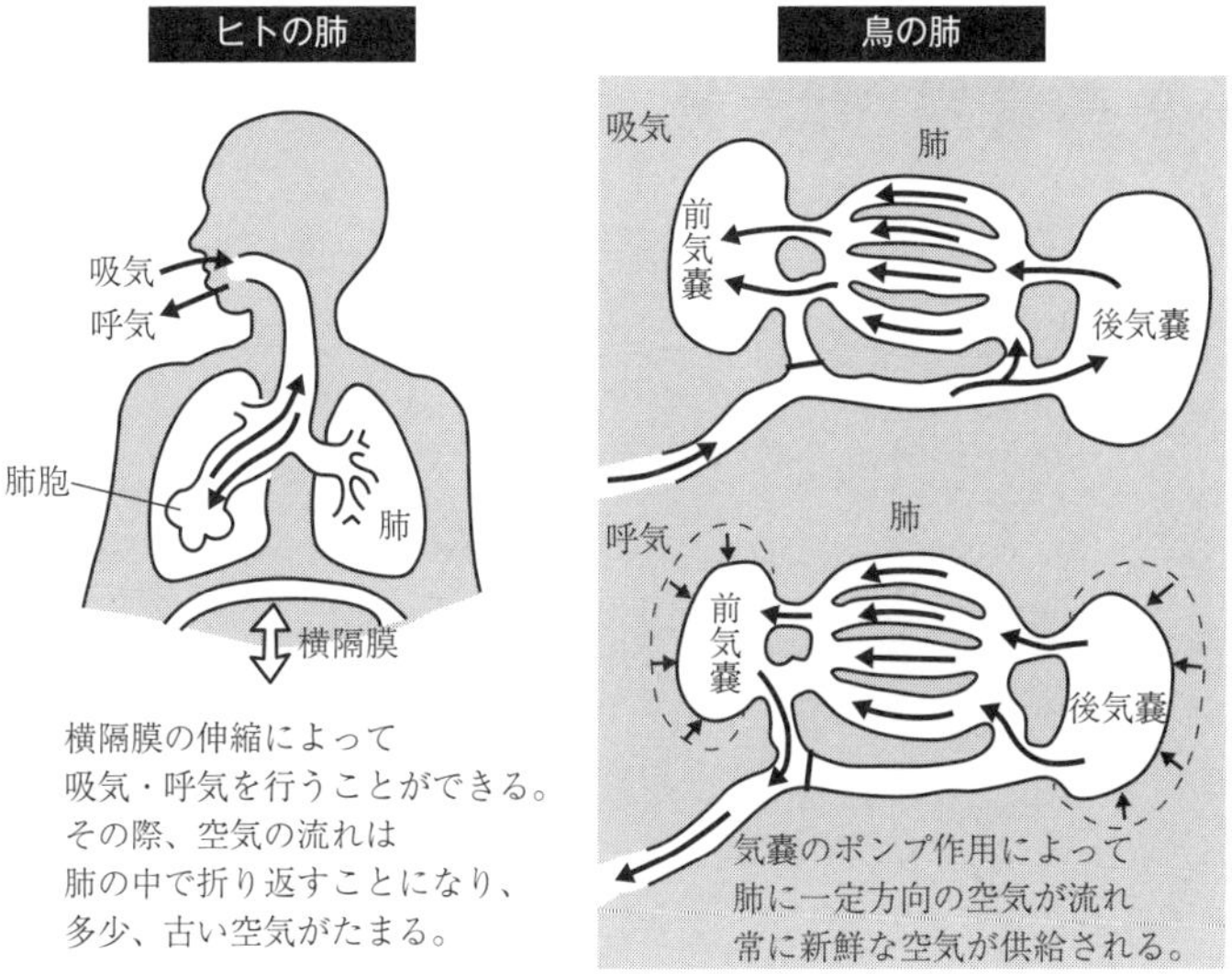
ヒトの肺
吸気
呼気
肺胞
肺
横隔膜
横隔膜の伸縮によって
吸気・呼気を行うことができる。
その際、空気の流れは
肺の中で折り返すことになり、
多少、古い空気がたまる。
鳥の肺
吸気
肺
前気嚢
後気嚢
呼気
肺
前気嚢
後気嚢
気嚢のポンプ作用によって
肺に一定方向の空気が流れ
常に新鮮な空気が供給される。

図1−3　鳥の肺と人間の肺の比較

である。ダーウィンに、そのキリンはどうして他のキリンに勝ったのかと聞きたいと思っていたが、恐竜から鳥への進化の過程でも同じ論理が使われ、地上で選択が行われて鳥に「進化」したとされても、なかなか納得しにくい思いが残る。

このような思いを抱えたままでいたところ、つい最近、興味深い論文を発見した。二〇一八年五月の『ネイチャー』ウェブ版には、白亜紀の羽毛恐竜ミクロラプトルほかで、「フケ」の化石が見つかった、という論文が掲載されている。現生の爬虫類のように、広範囲の皮膚を脱ぐように脱皮したのでなく、すでに今の鳥と同じように、フケを落とす形で皮膚を変えていたという。

この説が正しければ、鳥類は爬虫類より

すでに「進化」していたことになる。動物の中では、哺乳類と鳥類だけが恒温動物で、正確にいうと鳥類に進化しつつあった爬虫類、つまり恐竜の一部も恒温性を獲得していたが、その体温を常時維持しておくために大量のエネルギーが消費される。鳥はそれを維持するために、哺乳類と同じ「二心房二心室」という効率の良い心臓の構造をもっている。

しかも、鳥の呼吸器系には気嚢《きのう》があり、図(39頁)のように、哺乳類の肺は空気が同じ気管を通って出たり入ったりするのでガス交換効率が非常に悪いが、鳥類は気嚢をフル活用して肺内でのガス交換を一方通行にしているため、効率よくガス交換ができる。その意味では、鳥は哺乳類より「高等」と言えるかもしれない。

ただ、鳥類が哺乳類より「下等」とされる理由は、その交尾方法にある。「体外受精」をする(柔らかい卵をたくさん産む)魚類や両生類は別として、「体内受精」をする(固い卵を少し産む)爬虫類や鳥類の場合、オスがメスに精子を送り込むための交接器が必要だが、大部分の爬虫類には「ヘミペニス(半陰茎)」があるのに、鳥類には「総排出口」しかない。鳥は、恐竜の子孫である爬虫類がせっかく獲得した「ミニペニス」をなぜ失ってしまったのだろうか。ペニスは飛行の邪魔だったのだろうか。

日本神話では、イザナギ、イザナミはセキレイの交尾から国生みの方法を学んだとなっているが、だとすれば神様は下手な方法を学んでしまったと言えるだろう。神が鳥類学者でなく動物学者なら、ひょっとしたら人間のセックスはもっと楽しいものになっていたかもしれない。

ともあれ、恐竜の一種から徐々に進化することによって、つまり「突然変異」と「自然淘汰」を繰り返して、飛ぶ爬虫類つまり鳥になったという「進化論」よりは、恐竜の一種類から、鳥は最初から「鳥」になったとする「胚淘汰説」の方が、少なくともぼくには納得しやすい。

5 古代日本における鳥と人間

日本における太古から近未来までの「鳥の文化誌」を概観するにあたり、まず古代における鳥と人間の関係について考えてみよう。

ウルム氷期の海退現象によってユーラシア大陸と今日の日本列島が結ばれた後（三万年前から二万年前）、アフリカ大陸からユーラシア各地に広がっていったモンゴロイド系のホモ・サピエンスが、オオツノシカ、ナウマンゾウ、野牛などを追って今日の日本列島に移動した。その後、一万五千年から一万二千年前くらいに、地球はやや温暖化し、日本列島が大陸と分断された。こうして日本列島の一部分に住んでいた新石器時代のモンゴロイドが今日「縄文人」と呼ばれる存在となった。

興味深いことに、彼らは狩猟民でありながら、「鳥」の土偶や土器をほとんどつくっていない。鳥には関心がなかったのだろうか。しかし縄文人にとって、鳥は重要な食糧だったはずだ。

実際、現在の青森県の三内丸山遺跡では鳥類の骨が多数出土しており、カモ、ガン類が全体の八〇パーセントを超えている。他の地域では、キジを食糧としていたことを示す遺跡も多い。また生息数が少ない猛禽類でさえも、矢羽などに使うため狩猟されていた。それにもかかわらず、鳥を調理する道具や遺構は出土していない。

「縄文学の父」と呼ばれる考古学者、山内清男（一九〇二―一九七〇年）によれば、縄文土器の特徴的な表現は「縄文」と「突起」であるという。とくに縄文時代の後期には、今日の東北南部から関東北部にかけて、深鉢型土器の把手に鳥の頭部があしらわれているものが多い。

しかし鳥の姿を写したものはほとんどなく、「鳥さん土器」という愛称で親しまれている、能登半島の真脇遺跡から出土した鉢型土器くらいであろう。狩猟対象にならないコノハズクを写実的に象《かたど》った土器が今の岩手県一関市から出土しているが、これは稀少な例である。

縄文時代は採集・狩猟・漁労活動を生業とし、弥生時代はそれらの活動も行うが、稲作農耕が生業活動のかなり大きな割合を占めていたとされる。その生業活動の違いを反映して、それぞれの時代の人々の動物に対する価値観も異なっていたはずである。

縄文時代の家畜はイヌだけであった。弥生時代には、イヌの他にブタやニワトリを飼育していた。このニワトリは日本列島で家畜化されたものではなく、大陸から渡ってきたものだが、詳しくは後ほど述べたい。

さらに、シカとイノシシは縄文時代の主要な狩猟獣であり、ほぼ同程度に捕獲されている。縄文時代には、イノシシの土偶が数十例出土しているのに対して、シカの土偶はない。弥生時代には、土器や銅鐸に描かれる絵ではシカが多くなり、イノシシは少ない。

鳥については、一貫してほとんどない。このことをどうみればいいのだろうか。鳥に対する日本人（この時代の日本列島に住む人々を「日本人」と呼んでよいのかどうかは疑問だが）の心情を考える上で、重要な問題だと思う。

空を飛ぶ鳥たちは、世界の向こうまで飛んで行き、私たちは彼方に消えていく彼らをいつまでも眺めている。鳥は自由に向こうの世界とこの世を行き来しているのだ、と考えるのが自然だろう。しかし縄文人が表象としての鳥に関心がないとすれば、そのような宗教観をもっていなかったということになる。

また土器を模様づけた縄目は、蛇の表象と考える研究者もいる。蛇は人間がコントロールできない地上の動物なので、蛇と鳥は、地と天のいずれにカミを見るかということにつながるのだろう。とすれば、縄文人は「黄泉の国」を信じ、天にカミの国を見ていなかったということになる。

しかし一方、自然全体を原初的な宗教的心性の対象にするアニミズムのなかに、鳥が溶け込んでいたのだとも思える。鳥を「鶏頭」のごとく最上段に置くのはトーテミズム的な思考であり、弥生時代に入ってからの思考だと思われる。少なくとも新石器時代の日本列島では、鳥だけを取り出して神格化する思考はなかったと言えよう。

同じような新石器時代であっても、トーテミズム的な志向の強いユーラシア大陸の西側では、鳥の表象が土器、金属器、レリーフなどにしばしば見られ、それは日本列島より圧倒的に多い。古代エジプトの研究者、村治笙子によれば、古代エジプトにおいては、古王国（前二十七世紀―前二十二世紀）、中王国（前二十一世紀―前十八世紀）時代の私人の墓にさえ、鳥が描かれていることが多いという。ヒエログリフ（hieroglyph、神聖文字）にしても、いくつもの鳥が描かれている。

一方、日本においても、弥生時代からさまざまなかたちで鳥の表象が増え、古墳時代になると、大和より渡り鳥の多かった出雲周辺で鳥に関する説話が増えてくる。とくに、鳥の鳴き声と結びつけて語る説話が多くなる。

たとえば『出雲国風土記』には、アヂスキタカヒコネ（阿遅須枳高日子、味耜高彦根などと表記）という言葉が話せない神様がいたが、父親のオオクニヌシが息子を船に乗せて池に放したところ、白鳥が飛んできて、このとき声をあげて叫んだことから言葉をしゃべれるようになったと書かれている。

『日本書紀』においても、垂仁《すいにん》天皇の息子のホムツワケ（品牟都和気と表記）は長い間言葉が話せなかったが、やはり白鳥の声を聞いて声を発したという。さらに、垂仁天皇は夢のお告げで、出雲に息子を参拝させると話せるようになったという神話に転移していく。

出雲地域においては、これ以外にも、こうした鳥への崇拝は多く語られていて、やがて鳥が飛ぶことを神聖化するようになり、鳥が飛んでいくところという意味でその地名が「鳥取」と名づけられた。

とくに、毎年同じ時期に飛来し、ある一定時期を過ごすとまた飛び去っていく渡り鳥には、この世とあの世を結ぶ神聖さも感じていたのではないだろうか。第四章で詳述するが、弥生時代の女性の埋葬様式ではウを抱いているものがある。ウミウは季節ごとに飛来するため、神の使者と考えられてきたからだろう。

また、今日の奈良県の坪井遺跡や清水風遺跡から発掘された土器には、「鳥装」(翼に似た衣装)が描かれていることが多い。弥生時代からすでに、シャーマンは鳥の姿をして神に近づいていく存在とみなされていたと推測できる。

6 家禽化に残る謎

先に、鳥類は種類も個体数もきわめて多いことが大きな特徴だと述べたが、その中でも圧倒的に個体数が多いのはニワトリだ。おそらく全体の四分の三以上を占めていると推測される。

しかし、今日の日本および先進国において飼われているニワトリの品種は、卵を産ませるための白色レグホンと、肉を食べるためのブロイラーがほとんどである。伊藤若冲の絵に登場するような多色のニワトリは、いつどこの段階過程で、今日の白色レグホンやブロイラーになったのだろうか。

ニワトリと同じくらい人間にとってなじみ深い生物であるイヌやネコについては、その起源は歴史的にかなり解明されている。たとえばネコはリビアヤマネコから家畜化されて、今のネコの祖先になったということが今日の定説になっており、その根拠は古代エジプトの考古学、発掘調査でも明らかである。

また、イヌは人類史上もっとも古い家畜とされているが、世界各地の新石器時代の遺跡で発見された骨などから、ホモサピエンスと同様に七万年くらい前には存在していたことがわかっている。

イヌの起源については、オオカミ説、ジャッカル説などいくつかの仮説があるが、一九七三年にノーベル生理学医学賞を受賞したコンラート・ローレンツ（一九〇三―一九八九年）は、その著『人イヌにあう』（小原秀雄訳、至誠堂新書、一九七二年）でアフリカに棲息するジャッカル説を主張した。

ローレンツによれば、攻撃性をもつオオカミと人間は親しい関係を築くことはできないが、ジャッカルは、一頭の母親から一度に生まれる複数の子どもたちの性格の幅が広く、その中でも臆病で弱い個体が人間に飼われたという。彼の説のユニークな点は、こうした動物行動学的な観点から、ジャッカルがイヌの起源に近いと考えたことである。

一方、マイケル・W・フォックス（一九三七年―）をはじめとするイヌを専門とする動物行動学者たちは、オオカミがイヌの起源だと主張した。その他、オオカミなどのさまざまな動物の血が混ざってイヌになったとする多元説を主張する研究者も少なくない。

しかし近年、ゲノム解析の技術が急速に進んだ結果、チワワからグレートデンまで多様に広がっているイヌも、大筋では三つの系統にまとめられることがわかってきた。最終的には、インドオオカミの遺伝子的痕跡のみが存在することが明らかになり、残された議論は、その発祥地が西アジアのどこかなのか、あるいは中国の南部なのかという地域的な特定だけになっている。

こうしたゲノム解析の進歩は、イヌ以外にも人間が飼っている動物の家畜起源をほぼ明らかにすることに成功した。その中で、動物考古学において最後の論争になっているのがニワトリの起源である。これまでにも『ナショナル・ジオグラフィック』誌をはじめとして、しばしばニワトリの起源論争が繰り広げられている。

その結果、中国南部、タイ、ラオス、カンボジアの国境地帯に棲息する、三種類の野鶏の中のいずれか、というところまでは絞られてきた。すなわち、三種類の野鶏のうちの一つであるセキショクヤケイが、東南アジアの山岳地帯で一般的な高床式住居の住まい方と、密接な関わりがあることがわかってきたのである。

床板の間を抜けて下に落ちた食べ物の屑にありつくためにセキショクヤケイが寄ってきて、やがて人間が意図的に餌を与えるようになり、そこに居ついて、まさにニワトリ(庭の鳥)になったというのである。しかし、これらは一方的に家畜化されたわけではなく、山階鳥類研究所総裁でもある秋篠宮文仁殿下が指摘しているように、「行きつ戻りつ」の関係にあり、家畜化と野生化を繰り返している。

ここでとくに考えておきたいのは、その家禽化の動機が、多くの人が考えるように肉を食べるため、あるいは卵をとるためだったのではなかったことだ。つまり、自分たちの残った食べ物を野鶏に与えて、精神的な満足感を得ていたことが始まりであったと推測される。

今日のニワトリも「つつきの順位」を決定するために激しくつつきあう。セキショクヤケイは気性がより激しいので、互いのつつきは非常に鋭い。その特性を利用して、当時の人々はどちらのニワトリが強いかを賭けるようになったのだろう。

さらに祭りなどで、お互いに鍛えたニワトリを闘わせるというゲーム化も始まった。「闘鶏」である。ここには、食肉としてのニワトリや産卵利用としてのニワトリという姿はない。

しかし、誰のものでもない「野鶏」から、すでに飼い主の「所有」の意識が生じていた。

このことは、文化人類学者たちが、ニワトリだけではなく他の家畜や栽培植物について指摘してきたことと一致している。高校の歴史の教科書には、野生動物は使役や食用のために家畜化されたと記述されているが、文化人類学者のクロード・レヴィ＝ストロース（一九〇八—二〇〇九年）は、世界の栽培植物の起源は、南アメリカのキャッサバなどのように、食糧としてではなく観賞用に植えられたものであると主張している。

また梅棹忠夫（一九二〇—二〇一〇年）は、モンゴルでの羊遊牧民の調査の結果、遊牧が狩猟をベースにして始まった場合もあれば、農耕が先にあり、そこにいる家畜と移動することによって始まった場合もあると分析している。

さらに京都大学名誉教授の谷泰（一九三四年—）は、羊飼いと羊の関係は、その地で生まれたキリスト教における牧師と信者の関係に置き換えられるので家畜化が成立したと考えた。

すでに述べたローレンツも、イヌを最初に飼ったのは、狩猟用の使役や食肉用としてではなく、人間より鋭い爪、歯をもったイヌ科の動物のうち、群れの中で警戒心が強いゆえに仲間に通報する役割を負ったような弱い個体に餌を与えたから、人間になついたのだと指摘している。

そしてイヌの祖先は、もともとの性格から群れのいちばん下位の存在だったので、その順位制が転移することによって、人間とイヌの間でも上下関係のある結びつきが生まれたという。

このように、動物の家畜化は、一般に信じられているように使役や食料として始まったのではなく、信仰のシンボルや遊戯や癒しなどから始まっていた。そしてそれは、ニワトリをはじめとする鳥の家禽化でも同様だった。

7 日本へのニワトリの道

では、そのニワトリはいつ、どのようなルートで日本に入ってきたのだろう。残念ながら、この経緯は、まだ定説があるわけではない。ぼくがこれから述べることも、いくつかの説とさまざまな知見を総合した仮説の提示である。

ほとんどの人が『古事記』や『日本書紀』が事実を記述したものではないと考えている今日でも、なぜかニワトリについての最古の記述は記紀にあると思い込んでいる人が少なくない。たとえば天照大神が天の岩戸に隠れて世界が暗闇になり、さまざまな禍が発生したとき、困り果てた八百万《やおよろず》の神々は、アメノウズメに踊らせ、ニワトリに鬨《とき》の声を告げさせたという故事を思い浮かべる。これをそのまま実際の歴史に置きかえてしまうと、ニワトリは卑弥呼の時代から日本にいたのではないかということになり、事実そう記されている畜産学の専門書さえある。

弥生時代においては、稲作が生業の中心であることはよく知られている。しかし一方で三内丸山遺跡によって証明されたように、縄文時代にもすでに十分な果実があり、人びとは移動生活から果実を採集する定着生活に移行し、集落を形成していた。

さらに、その後期には植物の栽培も始まり、高温多湿の日本では稲作が始まっていたことも、今日の考古学の定説になっている。今日では、縄文時代と弥生時代との差は生活様式の違いではなく、その主体たる人間の血縁的違いにあると考えられるようになった。

しかし、稲作農業が本格的に始まった弥生時代になっても、当時、東アジア全般に拡大していた稲作とは異なり、日本ではそこに家畜をともなうことが少なかった。

たとえば鳥に関しても、今日で言う「アイガモ農法」はあったが、ニワトリを家畜化していたという具体的な証拠はない。日本の縄文時代には、家畜としてのニワトリはいなかったと推定はできる。だが、日本各地の弥生後期の遺跡からは、鶏形の土器が出土している。

ここから推測されることは、『古事記』や『日本書紀』にニワトリ（トコヨノナガナキドリ）が登場したとしても、その時代にニワトリが存在したことを意味しているのではない。つまり、稗田阿礼が『古事記』を口誦した時代にもニワトリが実際に存在したのではなく、江戸時代の本居宣長の解釈から、奈良時代初めには、神格化された象徴としてほぼ確実に存在していただろうということである。

そして、最も遅い推定として、仮に奈良時代に日本にニワトリが入ってきたとすれば、仏教の伝来と密接な関係ができ、ニワトリも仏教とほぼ同じ経路をたどって渡来したと考えられる。いずれの時代にせよ、ニワトリは中国南部からシルクロード、さらに朝鮮半島を経て日本に渡来したというのが、今日の多くの研究者が認めている伝搬ルートである。

しかし、東南アジアでセキショクヤケイに始まるニワトリの変化が調べられたところでは、家畜化した野鶏が徐々に南下し、山岳地帯から東南アジアの半島部に伝搬していく傾向が見られる。それをさらに延長すると、今日のインドネシア、フィリピン、台湾へという経路が推測できよう。

また、その延長上に、台湾からさらに南西諸島、琉球、奄美から九州本土へという南方ルート、つまり柳田國男（一八七五―一九六二年）が主張した「海上の道」も想起される。これらの経路には、今も闘鶏が存在するなどの共通性が見られる。しかし、ことの真実は今後、台湾、沖縄などの在来種の、ゲノム解析の結果の比較によって明らかにされてくるだろう。

このように考えれば、日本の「伝統文化」と称されているものも、唯一の系統によって継承されてきたわけではなく、複数の経路を通ってきた同様の文化が日本列島の各地で複合して生まれ、変容しながら今日に至っているといえるだろう。ニワトリの日本への伝搬から、それが日本人の食物に転換した経緯も、その一つであった。その変容の一側面として、ここでは、ニワトリの表象にも両義性があることを紹介しておきたい。

多くの美術解説書では、先にあげた天の岩戸の神話のように、ニワトリは一貫して吉兆の象徴として説明されている。実際、近代以前から、朝を告げる象徴として神格化され、平安時代には宮廷の吉兆を占う存在ともなった。

やがて、一日の始まりでさえ実際の日の出の時刻によるのではなく、ニワトリが鳴いたから夜が明けたと解釈されるようになった。つまり、ニワトリは夜と朝、さらにそこから、この世とあの世を転換させる「結界」の象徴となったのである。

さらに美しさを追究するため、オナガドリのような品種もつくられた。『古事記』や『日本書紀』の中では、カケの枕詞として庭にいる鳥、つまり「庭っとりカケ」と記述されており、おそらくその時代の人びとには、鳴き声がカケと聞こえたのだろう。

だが江戸時代には、その鳴き声もトウテンコー（東天紅）、すなわち東の空が明るくなるとき鳴く声とされるようになっている。そして人形浄瑠璃や歌舞伎にも、しばしば時を告げる鳥としてニワトリが登場するようになった。たとえば『菅原伝授手習鑑』で、道真を殺す計画を企てる悪役の土師兵衛《はじのひょうえ》は、「東天紅」の段で次のようなセリフを語る。

「「あれ〳〵太郎羽たゝきするは死骸の上か。そりゃこそ鳴《ない》たは東天紅《とんてんこう》」「アリャ又歌ふはとんてんかう。」八ツにもならぬ宵鳴《よいなき》の声さえかへる春の夜や。庭木の塒《ねぐら》に羽たゝきして一鶏鳴けば万鶏うたふ。函谷関《かんこくかん》の関の戸も開く心地に親子が悦び」

（二〇一四年四月　第一三四回文楽公演（国立文楽劇場）上演資料集『菅原伝授手習鑑』通し狂言二段目東天紅の段（豊竹咲甫太夫））

図1－4『地獄草紙』の中の鶏地獄
（12世紀、奈良国立博物館蔵）

ところが一方で、十二世紀に伝わったとされる中国の民間説話を描いた絵巻『地獄草紙』が奈良の国立博物館に所蔵されているが、その中の地獄の一つに鶏地獄が描かれている。生前に動物を虐待したり食べたりした仏教者が鶏地獄に落ち、火をまとった恐ろしいニワトリに追い掛け回され、つつかれる姿が描かれている。

そこで日本の一部の地域では、ニワトリを食べることは禁忌とされてきた。ニワトリが食べられるようになったのは江戸時代からだ。坂本龍馬が京都・河原町の近江屋で、土佐藩御用達の書店菊屋の倅《せがれ》、峯吉に買いに行かせたのもシャモ肉だったと言われている。それは奇《く》しくも龍馬暗殺直前の出来事であった。

8 鳥の文化表象の多義性について

今日の神社の門である「鳥居」の語源には、「鳥が居るところ」「鳥が停まるところ」など諸説あるが、それは神の世界と人間の世界を分ける結界であったに違いない。

ミャンマーの北部や中国の雲南省など東南アジアの山岳地帯では、鳥居形に組まれた木枠に木彫の鳥が乗っており、それが日本の鳥居の起源とされている。ただし、両者の決定的な違いは、日本の多くの鳥居が朱色に塗られていることである。

たしかに伊勢神宮や出雲大社、また歴代の天皇陵の鳥居は白木鳥居である。これは朱を尊ぶ仏教と混合する前の神道の形式を表象しているが、さらに、最も素朴な自然木を使う黒木鳥居を立てている神社に、京都・嵯峨野の野宮《ののみや》神社がある。

この黒木鳥居のクヌギの樹皮をはぐと白木鳥居になり、神仏混合後は、多くの神社ではこれに生命の躍動を表象する朱色が塗られるようになったのであろう。さらに、伏見稲荷大社の千本鳥居のように多数の朱色の鳥居が連なる様式もあるが、これは神聖さをより高める象徴として、近世以降に広がっていったと理解できる。

鳥居を朱色に塗ったのは、中国の不老長生を得るための薬「金丹《きんたん》」に由来している。丹には赤色、朱色の意味があり、また長命や幸運という意味もあることから、厄災を防ぐ象徴となっている。いずれにせよ、鳥が神の世界と人間の世界の境界にいる存在であることの具象化が神社の鳥居であると言えよう。

先に述べたように、『菅原伝授手習鑑』に登場する悪役の土師兵衛は、ニワトリを道真暗殺

図1−5　熊野那智大社（和歌山県）の八咫烏の像

計画の重要な道具として利用しようとしていた。この土師とは鳥飼の職業を意味していた。鳥飼には専門の技術が必要だったが、その一方で、仏教の殺生を禁じる教えの影響もあり、鳥を飼う人々は身分としては差別されていたと推測される。

特殊な技術をもっている人は、ムラの人々から怖れられたがゆえに差別されるという構造が、日本のムラ共同体には存在した。このため彼らは定住せず、鳥を追って放浪する鳥追いになっていく。

鳥はその美しい鳴き声やさえずりが特徴とされてきたので、鳥追いの意味も、「放浪しながらさえずる人」という風にしだいに転化していき、春の寿ぎを門《かど》付《づ》けで語る人とされるようになった。しかも、それがしばしば女性であったため、鳥追い姿で鳥追い笠をかぶり、顔を見せず門付けで語る芸能へと転化し、長唄などでも鳥に関する故事が歌われるようになった。

やがてその流れの一つとして、シャーマニズムと結びつき、神道系の宗教形成もされてきた。たとえばその具体例が、大本《おおもと》教（一八九二年創唱）など明治以降に生まれた新宗教としての教派神道である。

また、『古事記』、『日本書紀』の中では、神武天皇が熊野から大和を目指す際、進路を見失った時に八咫烏《やたがらす》が現れ、道案内をしたとされている。国内でも和歌山県の熊野本宮大社をはじめ、各地に八咫烏を奉った神社がある。

八咫烏のヤは「八」、タはアタを略した言い方で、「咫《あた》」は古代の長さの単位で親指と中指を広げた長さを意味する。つまり、八咫烏とは咫が八つ分、約一・五メートルの大きなカラスということになる。

一方、南関東の各村落に、近世より伝わる年初めの弓神事《ゆみしんじ》「オビシャ」の的には三本足のカラスが描かれているものもあり、的を射ることで豊作や健康を祈願する。これは、三本足のカラスが太陽に住んでいたという中国の神話に由来している。

それには、「昔、太陽は十個あり順番に出ていたが、ある時そろって出てしまい、照りつける太陽の日射しで大きな被害が生じた。そこで弓矢の名手が九個の太陽を射落としたところ、太陽に住む三本足のカラスも落ちてきた」と記されている。このカラスが三足烏《さんそくう》である。朝日の方から飛んで来て、夕日に向かって飛んでいくカラスの姿を見て、太陽の黒点とカラスを重ねたと考えられている。

サッカーのJリーグを運営する日本サッカー協会（JFA）は、赤いボールを持った三足烏をシンボルマークとして採用している。同協会のホームページによれば「旗に描かれた三本足の鳥は、日の神＝太陽を表しています。光が輝いて四方八方を照らし、球を押さえているのは私たち日本のサッカー界を統制・指導することを意味しています」と説明されている。

このように、八咫烏と三足烏はそれらが混在しつつも、日本人にとってカラスは人間界とは異質の神性をもつ存在として始まり、やがてその不気味さで怖れられる二面性をもつ鳥になったといえよう。

9 「鳥の文化誌」の研究方法

以上述べてきたことから、「鳥の文化誌」の研究を行うには、以下のような方法をとることが可能と考えられる。

・鳥に関する史料、日記、貴重書などの内容分析
・絵図、図譜、博物画、マンガ、歌舞伎などの表象解読
・伝統的社会での鳥のありように関してのフィールドワーク
・鳥に関する伝承、民話、呼称などの採集
・鳥飼育者、狩猟者（猟師）、鳥による狩猟者（鷹匠、鵜匠など）らへのインタビュー
・鳥類の標本、ゲノム解析などによる比較
・鳥類の行動学、生態学、分類学などの知見の参照

ここでは、ゲノム解析、文化人類学的方法、文化表象学的方法の三つの研究方法について簡単に説明しておこう。

第一は、多くの生物学系の研究者が採用しているゲノム解析による研究方法である。本章に記載したように、これによって、鳥類の分類は大きな見直しが行われている。鳥ではゲノム解析をしてみると大きな違いがあることが多く、世界中で根本的な分類の組み換えが行われていることは、以上に述べたことから理解していただけるだろう。

第二は、文化人類学的な研究方法である。この方法では、主として人間との関係を探るフィールドワークを通じて、たとえば野鳥から家禽になった経緯などを調べることができる。ニワトリだけでなく、鵜飼、レース鳩のような中間的な存在のこともあるが、後の章でそのいくつかを紹介したい。

第三は、その生き物が洞窟壁画、絵画、彫刻、文学、歴史的史料などにどう描かれているかを調べる文化表象学的な研究である。これについては、とくにニワトリ、ツル、コウノトリなどに触れながら後に述べることにしよう。

第二章

若冲と鶴亭の「博物画」の皮膜

1 「花鳥画」と「博物画」の定義の曖昧性

伊藤若冲（一七一六―一八〇〇年）の「鶏」の絵、たとえば「向日葵雄鶏図」（一七五九年、宮内庁三の丸尚蔵館蔵）を「博物画」と呼ぶ人はまずいない。では、それは「花鳥画」だろうか。少なくとも若冲は、最初からその区別を意識していなかったのだろう。

「鳥」は、日本以外でも、世界の多くの地域でそれぞれの時代において、それを表象して多彩な芸術や文学作品などが数多く作られてきた。「花鳥画」はその一つだが、樹木、花卉などの植物や昆虫などとともに鳥類が描かれた絵画を意味し、中国で始まったものである。

日本には鎌倉時代から室町時代にかけて、中国故事を踏まえた「唐絵」として入ってきたが、やがてそこに「大和絵」の伝統的な風景、物語にちなんだ画風がとけこんでいった。

この分野は、近世には独占的な職業絵師組織となった狩野派の独擅場となり、彼らによって各藩の城内や寺社の襖絵《ふすまえ》、掛軸などの主要なモチーフとしての位置が確立されていった。また、狩野派に学んだ多数の絵師や浮世絵師も「花鳥画」を描いている。

だが、若冲は京都の錦に生まれ、青物問屋の主人だった町絵師である。狩野派をはじめ多くの流派の絵から学び、また自らも「筋目描き」「枡目描き」「裏彩色」など数々の新技法を編み出したが、伝統的な絵師業界の主流からは外の人であった。

一方、「博物画」を、生物の形態を観察対象として客観的に詳細に描いた画と定義すれば、日本で最初に「博物画」と呼ぶべきものは、東京美術学校の日本画家、小泉勝爾《かつじ》（一八八三―一九四五年）と土岡春郊《つちおかしゅんこう》（一八九一―一九五九年）によって描かれた『鳥類写生図譜』（一九二七―一九三九年）であるとされる。だが、これも「写生」と題している以上、「花鳥画」の流れに入れるべきものとも言えよう。

ここでいう「写生」とは円山応挙（一七三三―一七九五年）が唱えた概念で、現代の私たちがその言葉からイメージするものとは異なり、その生き物の「生気」を描くことが主眼であるから、「写生」された絵が、その生き物を「観察対象として出来うるかぎり客観的に描いた絵画」とは言い難い。その流れでいえば、すでに十七世紀に堀田正敦（一六三四―一六八四年）による『禽譜』もあった。

図2―1　向日葵雄鶏図（伊藤若冲『動植綵絵』、宮内庁三の丸尚蔵館蔵）

江戸時代の後期には、他にも「譜」「本草図」「写生図」などの名称で描かれてきた多様な巻物、冊子の類があり、これらを無理に集約して、それが「博物画」なのかどうかなどと議論してもあまり意味はないように思う。むしろ「花鳥画」と「博物画」の間にある、この曖昧な領域に、ぼくは（近松門左衛門のいう）「虚実の皮膜」を楽しみたい。

また、この種の江戸絵画に「転写」と呼ばれるものがあり、それは西欧の蘭書などの「博物画」を日本の絵師が模倣して描いたものだった。これにはさらに「再転写」として、「転写」を模写し、それを観ることのできる層を広げていくという、今のマンガの二次創作のような作品もあり、それを求めた江戸時代の庶民の好奇心の強さに感動はさせられるが、それらは「博物画」とは区別しておこう。

では、そもそも「花鳥画」と「博物画」を分けること自体に意味があるのだろうか。あるいは世界的な視野のなかで、日本独自の「博物画」として、「花鳥画」ないしはその延長としてのこれらの絵画を位置づけることに、なんらかの意義があるのだろうか。

幕末以降には日本にも写真が入ってきたし、二十世紀には銀塩フィルムが普及したにもかかわらず、なぜ画家は自らの筆によって生き物を描きつづけてきたのだろう。

今日では、コンピュータ支援によって対象の拡大や編集がいともたやすく可能になっているにもかかわらず、今なお「サイエンス・アート」として、鳥が描かれる意味は何なのだろうか。

この章ではこうした問いかけについて、近世の鳥の絵、とくに伊藤若冲の作品を中心に考えていきたい。

2 鳥の表象の両義性

「花鳥画」にせよ「博物画」にせよ、日本ではとくに近世以降、多くの絵師が鳥の姿を描いてきたのは、彼らが「鳥」の色、姿形に対して格別の美を見出していたからだと思う。つまり絵師をはじめ、日本人の多くが「鳥」の美に対して憧れを感じていたからだろう。

その時、鳥に対して人々が思い描いているのは、それが大空を悠々と飛んでいる姿や、森の木の上に止まって一声、二声鳴いている姿や行動だろう。だが、同じ人が身近にその鳥を見る時、はたして「美しい」という感情を抱くだろうか。

ぼくがJR常磐線の我孫子駅前からタクシーに乗り、行き先を「山階鳥類研究所」と告げると、運転手にしばしば聞かれることは、駅前のカラスやムクドリなどをどうしたら追い払うことができるのかということだ。遠くから澄んだ声でさえずり、群れになって空を飛んでいく鳥の姿に美しさを感じる同じ人が、身近に見る鳥は嫌がるというのが現実の日本人だろう。

子供の頃、ぼくも自宅でジュウシマツやカナリアなど、さまざまな鳥を飼っていたことがあった。昭和の半ば頃にはそうした家庭が普通だったように思われる。一時はキュウカンチョウがブームになり、人間の言葉をすぐにまねるので、多くの家庭で飼育されていた。

ぼくも長い間、餌を与えて大事にしていたのだが、ある時、自分のキュウカンチョウを見ていて突然怖くなり、翌朝、通っていた小学校に引き取ってもらったことがある。鳥は最初はかわいいが、よく観察すると鳥の顔や目が人間とはまったく異なるので怖さを感じる。猛禽類はもちろんだが、それ以外の鳥に対しても、ヒトと対極の生き物であることを実感する。

どうやら「美学」では、鳥は美しいもの、良きものとして、それをほとんど疑いのない前提として論じられてきたように思える。しかし日本においても、他のアジア地域（とくに記録がたどれるのは中国だが）や西欧においても、鳥ははたして「美しいもの」、今風には「かわいい」ものとしてのみ描かれてきたのだろうか。

江戸の「花鳥画」の絵師は実際に鳥を飼っていたので、人間と目を合わせない構造になっている鳥の目の位置や爪の鋭さ、飛翔の加速度の力を実感していたと思われる。

第一章で述べたように、人間は鳥に対して「憧れ」と「怖れ」の両面を抱いている。とくに西欧では、鳥の飛翔に対する怖れが強い。鳥は人間に敵対する、あるいは人間にコントロールできない不気味な存在として、表象されている場合が多い。

同様に日本人も、鳥には「憧れ」と「怖れ」の両面を抱いているにもかかわらず、「花鳥風月」という美しい言説で受け入れられていたところに、両義性が反映されていた。

近世の浮世絵や物語などでも、鳥は人間を超越した存在として描かれている場合が多い。たとえば、歌川広重（一七九七―一八五八年）の『名所江戸百景』のうち「深川洲崎十万坪」では、一八五五年二月の安政大地震と大津波によって壊滅した広大な土地を、巨大なワシが空から眺めているという現代美術も顔負けの大胆な構図で、今でもコレクターの間では「役絵」と呼ばれているほど人気がある

さらに、人間がつくった家禽のニワトリでさえも、しばしば不気味な存在として表象されている。たとえば、江戸時代の百科事典である『和漢三才図会』には、ニワトリに似た姿で燃え残りの木などを食べる食火鶏《ひくいどり》の記述がある。また江戸時代の奇談集『絵本百物語』では、食火鶏をモデルとした「波山《ばさん》」という怪鳥として紹介され、真紅のとさかをもつ大きな鳥が口から赤々とした火を噴き出している様が描かれている。

同様の説話は各地に存在し、たとえば伊予の国では「婆娑婆娑《ばさばさ》」と呼ばれていたが、ニワトリが羽をバサバリさせる様子をあらわしていると同時に、娑婆《しゃば》をひっくり返した言葉でもある点が興味深い。

第一章で述べたような記紀に記さ

図2－2　歌川広重「深川洲崎十万坪」（『名所江戸百景』1857年、国立国会図書館蔵）

図2—3　竹原春泉「波山」（『絵本百物語』所収、1841年）

れた「天岩戸」でのニワトリの働きから、われわれは、古くからニワトリが良きものの象徴として扱われてきたと思い込みがちである。ところが、そうではなかったことを最初に記述したのは、民俗学者の折口信夫（一八八七—一九五三年）であった。その中の一つに、出雲の美保神社の説話がある。

「出雲美保関の美保神社に関聯して、八重事代主神の妻訪ひの物語がある。此神は、夜毎に海を渡つて、対岸の姫神の処へ通うた。此二柱の間にも、鶏がもの言ひをつけて居る。海を隔てた揖夜《イフヤ》の里の美保津姫の処へ、夜毎通はれた頃、寝おびれた鶏が、真夜中に間違うたときをつくつた。事代主神はうろたへて、小舟に乗ることは乗つたが、櫂は岸に置き忘れて来た。拠なく手で水を掻いて戻られると、鰐が神の手を嚙んだ。此も鶏のとがだと言ふので、美保の神は、鶏を憎む様になられた。其にあやかつて、美保関では鶏は飼はぬ上に、参詣人すら卵を喰ふことを戒められて居る。喰へば必、祟りを蒙ると言ひ伝へて居る。」

(「鶏鳴と神楽と」『折口信夫全集2』中央公論社、一九九五年)

コトシロヌシは夜ごとに海を渡り、対岸のイフヤの里のミホツヒメのところに通っていた。あるとき鳥が時刻を間違って真夜中に鳴いたため、ミホツヒメとの密会がばれないよう、コトシロヌシは慌てて海に逃げ出すが、小舟を手で漕いでいるとき、ワニに嚙まれてしまった。そこでミホツヒメは、その後、凶兆のシンボルとして鳥を恨むようになり、ニワトリを飼うことはおろか、社の参拝者が卵を食べることも禁じたというのだ。

このように、日本ではニワトリも両義性をもっていると言わざるをえないが、それは中国ですでに、闘鶏がニワトリが同様の両義性を表象していたからだ。渤海大学歴史文化学科特聘教授の丹林は、闘鶏がニワトリの始まりであるとし、絵画に表象されるニワトリもオスとメスではまったく意味が違うと指摘している。また中国では、ニワトリの鶏冠《とさか》は「文」(平和という意味)、足は「武」と表現され、文武の両義性があると述べている。

3 若冲のニワトリとツルから見えること

ニワトリを庶民が食べるようになったのは、江戸時代中期以降のことである。その頃、京都の錦市場で代々続く青物問屋を営んでいた伊藤若冲は、早くに家督を身内に譲った後は、画作に没頭していたが、自分でニワトリを飼って、好んでそれを描いていた。

現代の私たちが若冲の絵を見ると、誰もがそれをニワトリの絵だと疑わず、美術評論家のほとんども若冲は実にリアルにニワトリを描いていると評している。

だが、現代の日本にあのようなニワトリがいるだろうか。すでに述べたように、今日飼われているニワトリのほとんどは食肉用にはブロイラーであり、卵を産ませるのには白色レグホンである。それらはいずれも第二次大戦後に米国から輸入されたものであり、日本の在来種ではない。当然、若冲が描いたような極彩色のニワトリではない。

それはいわゆる「地鶏」でも同様だ。よく駅弁に「比内鶏」とか「名古屋コーチン」「天草大王」などのブランドが記載されているが、これらは明治時代までに日本国内で定着していたニワトリの品種に、その後、外国の品種を交配したもので、われわれの「地鶏肉」の素朴なイメージからはほど遠い。

ただ今日でも、日本の在来種とされるニワトリを昔ながらの方法で露地飼いしている人々もいる。だが、そのニワトリのゲノムからは、近世にすでに本当にそのニワトリが存在していたのかどうかは実証されていない。

しかし最近では、一部が残っている近世のニワトリの骨からゲノムを採集して、どのような色を発現しえたかが推定できるようになった。また、今日の野生種に近いニワトリの骨格の分析から、若冲の描いたニワトリが実在したかどうかも推定できるようになってきた。

それらを総合すると、どうやら若冲は、絵師としての意図がよりよく表現できるよう、シャモや在来品種などの身体の各一部をデフォルメし混在させて描いたと推測できる。実際、フィギュアメーカーの海洋堂に依頼して、先の若冲の「向日葵雄鶏図」のニワトリの立像を再現してもらったところ、絵の通りの造形では自立できないことがわかった。

しかし一方で、現在の東南アジアにいる野生のニワトリのゲノムの解析から、若冲の描いたニワトリの色、文様の発現が可能であるとする研究結果もある。

図2−4　伊藤若冲の「向日葵雄鶏図」のフィギュア（企画：奥野卓司、造形：村田明玄、海洋堂製作）

いずれにせよ若冲の描いたニワトリが、近世の京都の錦市場に、彼の絵の姿形で存在したと考えるのは無理がある。少なくとも、「伊藤若冲のニワトリの絵はリアルである」とする大半の美術評論家の意見は、動物学的には根拠が薄弱であると言わざるをえない。しかしそれは、多くの人に本物のニワトリ以上にニワトリと思わせる画力を若冲がもっていたという証しでもあろう。

図2－5　伊藤若冲「旭日松鶴図」（摘水軒記念文化振興財団蔵）

若冲はニワトリとともに、ツルの絵もよく描いていた。「旭日松鶴図」はその代表作だが、若冲だけでなく「松の枝に鶴が止まっている」という構図は、われわれにとってなじみ深い。中国から伝来したこの構図は、「松鶴長春」という故事に由来している。江戸時代には「謡」でも流行し、「松に鶴」は「花鳥画」の人気テーマとなっていく。

しかし本当は、松の上にツルが止まることはありえない。実際、ツルの足の形から考えて、松の枝につかまることは不可能だ。当時は江戸の街にも飛来してきていたコウノトリを、ツルと間違えて描いたのではないかという説もある。

歴史鳥類学者の久井貴世（北海道大学大学院文学研究科）は、松の木にツルが止まるということは足の形からありえないが、描かれているツルはタンチョウに間違いないと推定している。とすると、江戸時代の庶民は、おそらくはツルとコウノトリを明確に区別して認識した上で、その虚実の皮膜を巧妙に意図して表象していたのであろう。

この時代には、今日の分類学的にはコウノトリとされるツルによく似た鳥も「ツル」と一括されていた。しかし、人々は「ツル」のなかでも、樹上に巣を作るのはコウノトリだと区別して認識していたことは、当時の書の記述からも明らかである。

中国では、松は唐代以前にはまだ絵には登場しない。少なくとも、「松に鶴」という構図はなかった。しかし松も長命な植物、常に緑を保っている植物であることは認識されていたため、唐代に入ると、急激に「松に鶴」という構図で絵画が描かれるようになる。

図2－6　1920年代後半の兵庫県出石郡小坂村尾崎のコウノトリ（下村兼次撮影、山階鳥類研究所蔵）

さらに中国では、唐代末から宋代にかけて「花鳥画」が描かれはじめる。そこで登場した吉祥を表現する「松鶴図」も、「仙人が乗った鶴」と同じ意味をもつので、分類学上の「ツル」が「松」に乗っている図ではないことを知らない中国人はまずいなかったはずである。

今日の社会主義市場経済の極致たる中国でも、習近平主席が各国の来賓と面会する広間の背景に「二羽のツルが一本の松の枝に乗っている」絵が描かれているが、大きなツルが二羽も松の枝に乗るのが社会主義リアリズムによる作品だとは誰も思わないはずだ。

同様に、日本の江戸時代においても「松に鶴」の図のツルはあくまでも表象上のイメージであり、実在のコウノトリを描いている写実とはだれも考えていなかっただろう。日本の鳥類写真家の草分けであった下村兼史《けんじ》が撮影した、松の木に作られた巣とコウノトリの写真は、百年前の「写実」であるが、江戸時代の人々もまた同じように「現実」を認識したうえで、「長寿」の願いを込めて「松に鶴」の絵柄を好んだと思われる。

空中を飛翔できる鳥に憧れ、それを手の中におさめたいとしつつも怖れる。若冲の「鶏」を見るたびに、人が鳥に対して抱くアンビバレンツな感性が、「花鳥画」と「博物画」の皮膜からにじみ出してくるようにぼくには思えてならない。

4 ツルのイメージと実態の落差

では、ここでツルについて、もう少し詳しく述べてみよう。今日でも日本航空のマークがツルであるように、ツルは日本の象徴でもあり、良きものとして表象されることが多い。日本だけでなく、欧米でもツルは神話性をもつようで、ドイツのルフトハンザ航空でもツルのマークが機体に描かれている。

現代のわれわれがツルに抱くのと同じ感覚は、江戸時代でも町に住む人々の共通の印象であったようだ。とくに、表象としてはそのイメージが強かった。たとえば謡曲では、ツルの声を模して歌われる場合がしばしばあったし、さまざまな説話の中で、「鶴の恩返し」のように美しい女性の表象として取り上げられてきた。

また実際に、ツルは野生でも三十年くらい生きるが、飼育下だと五十年くらいの長寿のため、他の生き物に比べて比較的長命なので、「鶴は千年、亀は万年」のように長寿のシンボルとしても用いられてきた。そのため農村で捕獲されたツルが、都市では鳥類の肉の中でもとくに高級でめでたいものとして珍重されてきた。

しかし江戸時代の農村においては、ツルはサギやコウノトリ同様、虫も食べるが田畑も荒らすという「害鳥」だった面があり、また群れになって生息しているので、鳴き声がうるさいとして迷惑がられていた。そのイメージは、今日のわたしたちには意外な感じがする。それはツルの姿が美しく、一羽ごとであれば鳴き声も美しいからだ。

現在ではとても考えられないことだが、ツルにしても、ツルとみまちがえられているコウノトリにしても、江戸の町や大坂の町の空にふつうに飛来していた。そのことは、ツルの群れが襖絵に描かれていたり、落語に登場していたりすることからも明らかだ。

このように、江戸時代には、都市におけるツルのイメージと農村におけるイメージに落差が

図2−7　鶴亭「竹鶴図」（神戸市立博物館、個人蔵）

あったが、ツルの良いイメージは、すべて中国から伝来した表象である。中国ではもともと長寿の象徴であったが、日本でそのような形で登場するのは中世の能『鶴亀』が最初である。
　その後、日常の暮らしの中でも、着物の図柄、謡曲、絵などに用いられるようになった。このツルの良きイメージは、もともと日本人独自のものではなく、中国の説明と絵図の伝来によるものであった。
「花鳥画」の襖絵にツルがしばしば描かれるようになり、ツルを正確に描いた鶴亭（一七二二―一七八六年）という絵師もいたくらいである。しかし若冲と前後して、ツルをツルとして描いたこの画家がいたことはあまり知られていない。というのも、長崎出身の彼は海眼浄光《かいがんじょうこう》という名の僧で、僧侶としての名前は知られており、そのかたわら鶴亭の雅号で絵を描き、謎に包まれた人生を送ったからだ。

鶴亭は長崎で子ども時代から僧侶時代までを過ごした後、二十代でいったん還俗《げんぞく》して京都に移り、やがて大坂に出ていったことはわかっている。そして、四十代でふたたび黄檗宗《おうばくしゅう》の僧侶に復帰し、萬福寺塔頭《たっちゅう》のひとつ紫雲院の住持をつとめる。

しかし、いつの間にかまた大坂に向かい、各地を遊歴した後、最後は江戸で生涯を終えた。この間、彼は大坂の博物コレクター木村蒹葭堂《けんかどう》（一七三六—一八〇二年）とも親しく交流し、自ら狂歌師・米寿翁《べいじゅおう》と称して活動していた気配もある。

彼の作品の多くは、ツルの絵も含めて個人所有されていることもあり、一般の人は目にふれる機会はほとんどない。神戸に住んでいた池長孟《はじめ》（一八九一—一九五五年）というコレクターが鶴亭の作品が好きで所有していたが、それらが神戸市に寄贈されたため、現在、十六作品を神戸市立博物館が所蔵している。ぼくは二〇一六年に開かれた企画展「我が名は鶴亭」で、その作品を観ることができ、はじめてその存在を知った。

鶴亭が生まれた長崎は、いわゆる「鎖国」時代にも、中国やオランダと交易する窓口のひとつになっていた。一七三一年に沈南蘋《しんなんぴん》（一六八二—一七六〇年）という中国人の絵師が長崎に来航し、それまで日本人が観たこともない写実的な花や鳥の絵を描きはじめた。それはたちまち世の中に広まり、絵師や数寄者を魅了した。

鶴亭はそのときはまだ十歳くらいの子どもだったので、刺激は受けたとしても、実際には沈南蘋の弟子の熊代熊斐《くましろゆうひ》（一七一二―一七七三年）に師事している。やがて長崎を離れ、京都に出てくるが、その際、長崎で描かれた沈南蘋の花鳥画を京都に持ち込み、若冲や円山応挙（一七三三―一七九五年）、池大雅（一七二三―一七七六年）なども鶴亭の影響を受けたという。

鶴亭は、その名の通りツルを多く描いているが、よく知られている代表作はツルではなく、牡丹と鳥を描いた「牡丹綬帯鳥図《ぼたんじゅたいちょうず》」であった。異国の鳥が止まる奇怪な太湖石《たいこせき》の岩に大輪の牡丹が満開に咲いている、とてもエロチックな構図である。

中国では満開の牡丹は官位の授賞を祝う意味があり、また富貴と繁栄の象徴でもある。形式的な吉祥性と同時に、鳥や花のもつ裏のイメージとして性的な意味も含ませていたのだ。

鶴亭の作品のうち、ツルで有名なのは「竹鶴図」である。これは一七五五年の作品で、ここに彼の真骨頂が現れているとされる。この絵では、ツル（タンチョウヅル）は竹に止まらず地面に下りていて、足も正確に描かれている。

そして、首を湾曲させて羽毛に包まれた腹部をくちばしでつつき、半目を閉じて恍惚とした表情を浮かべているが、くちばしは羽毛から透けて見える表現方法がとられている。ここでは、ツルをリアルに描くと同時に、竹と鶴で長寿を祝う気持ちも込められている。

同時に、鶴亭の絵のもとになったと思われる沈南蘋の「双鶴捧寿図」では、タンチョウヅル

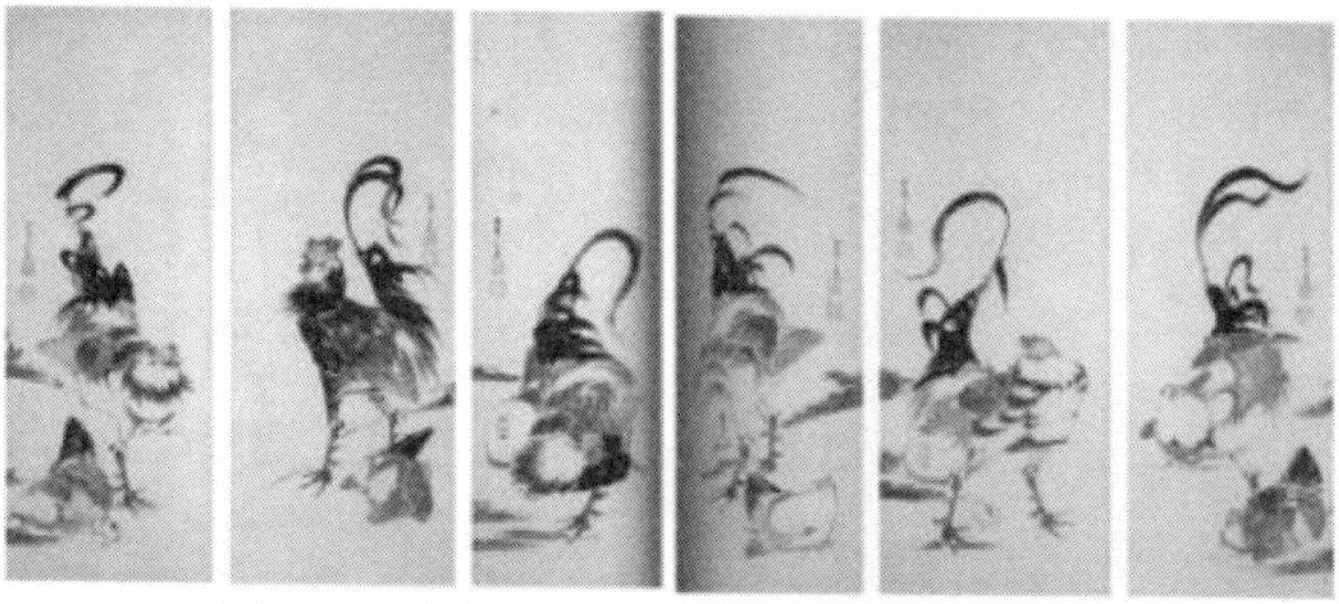

図2－8　伊藤若冲「仙人掌群鶏図障壁画」（西福寺蔵）

のつがいが見上げる先に桃の実を描き、長寿吉祥の願いを込めている。ここでも、タンチョウヅルは桃の木の上に止まっているわけではなく、岩場にたたずんでいる。

鶴亭は沈南蘋の画風の影響を受けて、「竹鶴図」のようなツルの画法を完成させた。彼は中国文化の表象を取り入れながら、中国の花鳥画を日本風にアレンジして京都、大坂で流行らせ、若冲をはじめ京阪の画家に大きな影響を与えたと言えるだろう。たとえば、鶴亭と若冲の「風竹図」では、墨の濃淡、風が揺らす竹の葉の表現などに共通した要素が多いことからも、鶴亭の影響力の大きさを物語っている。さらに、若冲の代表作である「仙人掌群鶏図障壁画」のニワトリについても、鶴亭のツルをニワトリに置き換えたものと理解できる表現もある。

このように一部の画家はツルをそのものとして描いてはいたが、いつの間にか、中国の故事からもたらされるイメージとも重複して、日本ではツルが木の上に止まっている構図が定着していったのではないだろうか。

さらに中国の「白鶴報恩」が、日本では「鶴の恩返し」説話となっているように、また中国での「鶏群一鶴」が日本で「掃き溜めに鶴」になるように、中国の説話から生まれた良いイメージが日本に表象として伝来してくる。

たとえば「鶴の恩返し」は、柳田國男が『佐渡島昔話集』で「鶴女房」として記述しているように、同様の内容の説話が東北地方を中心に異類婚姻譚（動物報恩譚）の一つとして語り継がれてきている。そして、それが都市に伝わってきたものである。

だが、それが広く知られるようになったのは、実は比較的新しいことだった。一九四九年に、木下順二（一九一四―二〇〇六年）作の『夕鶴』が舞台で上演されてからである。その芝居が海外でも評価されて日本に逆輸入され、ツルの良いイメージがさらに強まった。そうしたイメージが増幅されて、今でも「折鶴」は平和のシンボルとして「千羽鶴」となっている。

このように、ツルのイメージは中国からもたらされたものであるが、ツルは気高く美しい姿の代表的存在でもあったため、周時代（前一〇四六頃―前二五六年）以降は賢人の象徴とされ、さらに六朝期《りくちょう》（二二二―五八九年）には、神仙思想と結びついて仙人の霊鳥とみなされた。

その頃の絵には、仙人がツルに乗る図（「十二図」）さえあったが、古代の中国人も、ツルが松に止まらないことは知っており、こうした光景が実際にあるわけがないことも知っていたので、「鶴に仙人」はあくまで「吉祥の象徴」だったのだ。

この象徴は、それ以前には「鳳凰《ほうおう》」が担っていた意味でもあった。鳳凰は空想上の鳥の名で、古来中国では麒麟《きりん》、亀、竜とともに四瑞（四霊）として尊ばれ、東アジア全般に広く知られている。日本には古墳時代に伝わったとされ、四神（青竜《せいりょう》、白虎、朱雀《すじゃく》、玄武）の一つでもある朱雀と同一とされることもある。

日本国内でも、神社などの建造物や絵皿などの民芸品の装飾として描かれることもよくあるが、日本人の生活の中で最も身近な鳳凰の一つは、お札に描かれている絵だろう。一万円札の裏に描かれている平等院鳳凰堂の鳳凰像は、最高額の紙幣にふさわしい瑞鳥《ずいちょう》として、二〇〇四年に新デザインに採用されている。

このように鳳凰にも霊鳥のイメージがあるため、唐代以前には、鳳凰とツルが混同されることもあった。しかし、現実に人々が見る鳥は鳳凰ではなくツルであり、結局は「ツル」が対象として描かれることになっていく。

5 コウノトリはなぜ混同されたのか

では、ツルと混同されていたと思われるコウノトリについてはどうだろうか。コウノトリは背の高い大型の水鳥で、江戸時代には九州から東北地方までの日本全国に分布していた記録が残っている。

しかし、明治時代になって、江戸時代の鷹場の制度が廃止され、一般に狩猟が解禁されたため各地で乱獲されるようになり、一九五〇年代には、分布が兵庫県と福井県の一部に限られてしまった。

ここで興味深いのは、かつて全国に生息していたコウノトリがたくさん集まっているところを「鶴山」と呼んでいたことだ。それは兵庫県の豊岡でも同様だった。江戸時代の豊岡藩はツルが多いことで知られ、水田を荒らす害鳥とされていた。

そのことは近代生物学によっても、一八九二年にはコウノトリのしわざと判明していた。その時点で兵庫県は、ツルとツバメは保護鳥、コウノトリは田畑を荒らす害鳥として保護しない方針をとった。このためコウノトリは狩猟対象となり、急速に数が減少していった。

一九〇三年になって、鶴山でコウノトリのヒナが四羽発見され、そこから保護活動が始まる。たまたまその翌年、日本が日露戦争に勝利したことと重なって、コウノトリは「吉鳥」とされた。そして観光資源としても重要視され、鶴山にコウノトリを観るために押し寄せた見物客用の茶店ができるなど、コウノトリの一大ブームが生じた。

それに伴って電車も走るようになり、これを鶴見電車と呼んだ。さらにこのブームは、豊岡だけにとどまらず、同様の現象が日本各地で生じるようになった。

しかし実際には、その頃にはすでにコウノトリは絶滅への道をたどりはじめていた。一九七一年に野生の最後の一羽が捕獲され（一ヵ月後に死亡）、一九八六年には飼育下の最後の一羽が死亡したため、日本在来の個体群は絶滅してしまった。

その後、ロシアから譲り受けた個体を豊岡市で飼育させ、兵庫県立コウノトリの郷公園は増殖に成功した。そして、二〇〇五年から放鳥が開始された。現在では、およそ百四十羽の野生個体が、青森県を除くすべての府県に飛んできている。

やがては江戸時代のように、全国でコウノトリが飛び、卵を孵化《ふか》させ、その地でヒナが育ち、各地生まれのコウノトリが増えていくだろう。ただその時、私たちは、コウノトリを稀少種として尊重する立場と、稲作への被害を主張する立場との間で共存していけるのだろうか。「保護」の立場と地域の農村の立場は、互いに相容れない要素があるのは否定できないのではないだろうか。

もっとも、豊岡市と兵庫県立コウノトリの郷では、コウノトリが育つ環境は、田や畑に多様な生き物がいるからこそコウノトリがそれを食べる、つまり豊かで多様な自然生態系をもつ環境であると宣伝して、これを地域振興に生かしている。たとえば「コウノトリ育むお米」という無農薬、冬期湛水《たんすい》ブランド米を販売するなど、「コウノトリの舞」ブランド商品を生み出し、地元の豊岡市だけでなく、東京有楽町の交通会館にアンテナショップを展開している。

さらに、コウノトリを対象とした観光（エコツーリズム）も呼びかけている。コウノトリ文化館や、野生コウノトリのハチゴロウが飛来した城崎温泉の近くの戸島湿地などを指定しているのである。

兵庫県はコウノトリの郷の敷地内に、兵庫県立大学大学院「地域資源マネジメント研究科」を開設し、コウノトリの生態系研究の第一人者、江崎保男を教授として、調査・研究を深めてきた。

さらに豊岡市出石《いずし》にある、近畿地方に現存する最古の芝居小屋永楽館（一九〇一年建造）では、毎年片岡愛之助を中心に松竹大歌舞伎を招いて永楽館歌舞伎を上演し、二〇一八年十月には愛之助が『神《こう》の鳥《とり》』を演じた。『神の鳥』は地元の出石神社を背景に、引抜きや早替わり、六方などの技を入れ込んだ新作舞踊劇である。

このようにコウノトリを核に環境保護、農産物のブランド化、文化・芸術の振興、伝統芸能の復興という多面的な展開を含んだ、それらの観光による地域振興という戦略をもって成功させてきた。これは豊岡市や、長年コウノトリの郷園長を務めてきた鳥類学者、山岸哲の功績といえるだろう。

コウノトリ同様、かつては一度絶滅したトキは佐渡島で放鳥され、今日、二百羽以上に増えていることはよく報道されている。トキを日本の国鳥だと誤解している人も多い。これは学名（和名）が、ニッポニア・ニッポン（*Nipponia nippon*）であることからの誤解だが、本当の国鳥はキジである。トキが国鳥と誤解されるようになった大きな理由は、一九六〇年の第十二回国際鳥類保護会議の記念切手の絵柄として使われたからだろう。

トキは薄い桃色の羽が特徴的で、その色の美しさゆえに、『日本書紀』や『万葉集』の時代から、「桃花鳥」（奈良時代や平安時代には「ツク／ツキ」、「ツキ／タウ」などと呼ばれていた）と称され、美的なイメージを保持していた。

しかし実際には、ツル、コウノトリなど大型の鳥同様、江戸時代までは農作業の邪魔になる害鳥として扱われていた。さらに落語にトキ汁が登場するように、食用の対象でもあった。

トキが稀少な鳥として重要視されるようになったのは、過度の狩猟などが原因で極端に減少してからである。大正時代に一度絶滅したと考えられていたが、一九二九年に能登半島で、翌年には佐渡島で生存が確認された。しかし佐渡島でも、個体回復のため飼育されていた最後の個体「キン」が二〇〇三年に死亡したため、日本在来の個体群は絶滅してしまった。

その後、中国から贈呈された二羽の個体と、さらにその後に供与された三羽をもとに佐渡島で増殖させ、それが順調に増えたため、二〇〇八年から再導入による放鳥が行われることになった。二〇一二年には、放鳥された個体同士による野性下での繁殖が確認された。

その結果、二〇一五年、佐渡島を中心に飼育下で二百二羽、野生で百三十九羽が生息している。しかし、これらはいずれも、もともとは中国からの外来個体である。したがって数は増えても、遺伝子的には同じ種類が掛け合わさっているので、多様な個体の保存という意味では遺伝的に問題があるように思える。

しかもトキの場合、その地域の生態系を急激に破壊する場合も多い。そうした事情がありながら、そもそも中国から贈与された個体だけで繁殖させた外来個体でありながら、なぜ「日本を代表する鳥」として大事にされているのだろうか。

伊勢神宮内宮の神宝「須賀利御太刀《すがりのおんたち》」は朱鷺《とき》色をしている。この飾刀《かざりたち》は式年遷宮《しきねんせんぐう》の時の儀式に使われ、平安時代中期にまとめられた「延喜式」以来、柄にトキの尾羽根を二枚使うことが定められている。トキが絶滅寸前だった際は、羽根の入手が不可能かと思われたが、最後まで生き残った能登で私的に保存されている古い尾羽を寄贈してもらい、なんとかしのいできた。

つまり、日本でトキが特別な鳥とされるようになったのは、近代になってからのことではなく、歴史的にはかなり古い時代からのことであるらしい。そしてすでに述べたように、トキは一度絶滅し、その後、保護によって再生した。この鳥を保護しなければならないのは、国際的には「野生絶滅危惧種」であるからだが、日本で特別に重視されているのは、二十年ごとの伊勢神宮の式年遷宮の際に必要とされているからだといえよう。

だが在来種絶滅のために、「外来個体」を再導入することによって回復させることには、本当はもっと慎重であっていいのではないだろうか、と鳥類学者でないぼくは思う。それが予期せぬほど増えた時、鳥類学者たちはどう対応できるのだろうか。実際に海外では、オオカミなどの再導入化によって大きな問題が起こっている。

トキではそれが問題にならないのは、まだトキの生存が佐渡島の外では確認されていないからだ。日本の各地で、トキを導入して町興しを行いたいとの意向がある一方、トキの生息地が拡大していった時に、多くの日本人はトキを今と同じように歓迎するだろうか。

6　東西にみる近世の鳥表象の差異

ここまで、鳥の表象について歴史的にみてきたが、最後に、洋の東西における取り上げられ方の共通性や差異について考えておきたい。

十九世紀の同時代、ユーラシア大陸の西と東の両端にある島は、ともに歴史の大転換点にあった。東の端の日本列島には、若冲や鶴亭などの絵師たちが、また平賀源内をはじめとする本草学者が、今でいう「博物学者」でもあり、「芸術家」でもあり、時には「詐欺師」（またはプロデューサー）でもあった。

こうして東の端で、それぞれがその社会的役割を演じていた時代に、西の島国でも同様の人物がいた。それが石版画による『鳥類図譜』を残したイギリス人、ジョン・グールド（一八〇四―一八八一年）だった。彼は鳥類の生態を学術的に調査した研究成果に基づき、当時発明さ

図2−9　グールド『ハチドリ科　鳥類図譜』（山階鳥類研究所蔵）

れたばかりの石版画（リトグラフ）技法を用いて原画を起こし、さらにその上に手で彩色を施して精密な鳥の姿を生き生きと描き出した。

グールドの『鳥類図譜』は、日本では玉川大学教育博物館、山階鳥類研究所などに、イギリス本国の鳥類の図譜だけでなく、ヒマラヤ、オーストラリア、南太平洋の島々などの巻が所蔵されている。また個人では、作家の荒俣宏らが所蔵していることが知られている。

それらの刊行物は今の「図鑑」などとは異なり、十八世紀後半から盛んになった「百科全書派」の刊行物と同様に、当初は何枚もの独立した石版画が各所有者によって「製本」され、一冊の「本」になっていた。

いずれにしても、英国でも日本でも、十九世紀の初頭という同時期に、生き物（とくに鳥）に関して、それを「絵」として定着させようとする試みが行われていたことに、文化誌としてのこの時代の共鳴性を感じてしまう。

しかし、その表現手法には両者で大きな違いがあった。英国の、あるいはグールドという「博物学者」兼「画家」と、それをとりまく作品に関わった人々のこだわりの力点の違いが、近世日本の絵師や若冲らの場合とはまったく異なった意味での、つまり生物学的な「写実性」に表れている。

グールドの『鳥類図譜』の制作に関わった人々とグールドとの関係の変化のなかで、時代を経るとともに作られていった作品の変容は、それぞれの人と時代の「鳥と自然」への見方を反映したものであったのだろう。そしてそれは、おそらく江戸時代の浮世絵師集団、狩野派などの絵師集団（日英ともにプロダクションと呼んでよいものであったのだが）とは大きく異なったものだった。

十九世紀の前半に「ヒマラヤ篇」から刊行された、世界初の鳥類図譜シリーズでは、先に述べたように、石版で刷られた図絵の全枚数を、刊行後に購入者自身が製本した（こうした方法が、予約制であったことも含めて、当時の出版の通常の形だった）。

しかしそれには多額の費用がかかるため、貴族や当時の富裕層しか購入の可能性がなかった。このためグールドはこれらの富裕層が喜びそうな、できるだけ「遠くの地」の鳥類の図譜から刊行するという巧妙な販売戦略をとったのだった。

銅版のエッチングに代表されるように、刻んだ穴に残ったインクを紙に写しとるのが、当時の版画であった。これに対して石版（リトグラフ）は、石（リト）にインクで絵を描き、それを転写する特殊な「版画」である。銅版は鮮明な線の表現にすぐれていたし、日本の浮世絵のような木版は味わいがあった。

もっとも日本の木版画、たとえば北斎の浮世絵は、木に彫っているのに、「雨」や「屋根」の表現にみられるように、線を生かす工夫も盛り込まれている。どこまで行っても交わらない線による清々しささえ感じられる構図は、現代のマンガ家、たとえば石ノ森章太郎の構図にもその影響を見ることができる。これは、日本の表象文化のなかで今日まで受け継がれてきた、江戸文化の「粋」の美しさと言えるかもしれない。

フランスの印象派は、日本の浮世絵の技法から学んだとよく言われる。しかし石版という手法は、とくにグールドの『鳥類図譜』では、自然や生き物の詳細な記録的表現には木版より適していたという面がある。鳥類のように柔らかな羽毛をもった生き物の詳細な記録のためには、石版の技法を選ぶ積極的な意味があったのだろう。

一方、その両面の強調の度合いが、時代とともに変容していくこと、またその要因が名義の作家ではなく、工房の絵師、刷り師によったという点では、浮世絵との共通点がある。その意味で、グールドの『鳥類図譜』は、美術技法としての面からとともに、鳥類生態図鑑（百科全書的な網羅、編集の姿勢）としての面の両面からもっと注目されていいと思う。

東西における近世の鳥表象の差異と共通性を考えていくと、その時代に生きた人々の鳥、そして生き物への感覚や関係性が反映されていることを実感する。次章以降では、日本人と生き物、とくに鳥との関係性の伝統、およびその変容について、近世以降の歴史を追いながら考えていこう。

第三章

江戸期の「国際的」な博物学

1 「鎖国」という虚構

今日、高校の歴史教科書では、「鎖国」についても「生類憐みの令」についても、昭和時代に教育を受けたぼくたちが教わったようには記述されていない。ともに、「いわゆる」とつけて記述されている。

この記述の変化の背景には、公的な文書に記載された記録より、農村の暮らしや習俗、庶民の日記などを調べるほうが歴史の実態に迫れるという、歴史学者の認識の変化がある。その結果、少なくとも近世の日本については、これまでの「常識」とはかなり異なる事実が明らかになってきた。

にもかかわらず、動物学や自然史の分野では、いまだに従来の「鎖国」や「生類憐みの令」を前提とした記述がなされたままだ。そして今でも、獣医学部など動物関連の分野の授業では、従来の考え方がそのまま教えられているところが多い。

その考え方に基づけば、江戸時代は「鎖国」であった以上、海外の鳥類はまったく日本に入ってこなかったことになるし、「生類憐みの令」によって人々は鳥を飼うことも食べることも禁止されていたことになる。そのように教えられている動物学関係の学生たちは、高校で習ったことと大学や専門学校での講義との間に強い違和感をもっているだろう。

そこで、この問題に入る前に、まず「鎖国」と「生類憐みの令」について、なぜそのような誤解が生じているのか、その経緯をごく簡単に振り返ってみよう。

まず、江戸幕府が「鎖国令」というお触れを出したという事実は一度もない。江戸時代に長崎のオランダ商館の医師として来日したドイツ人のエンゲルベルト・ケンペル（一六五一―一七一六年）が、帰国後、江戸時代の日本社会をラテン語で克明に記録した論文を執筆した。それは彼の死後、イギリス人ショイヒツァーによって英訳され、"The History of Japan"（一七二七年）として出版されたが、その付録の中に以下のような箇所がある。

"An Enquiry, whether it be conductive for the good of the Japanese Empire, to keep it shut up, as it now is, and not to suffer its inhabitants to have any Commerce with foreign nations, either at home or abroad"（ショイヒツァー版『日本誌』より）

その後、これはオランダ語にも訳され（一七三三年）、それを元オランダ通詞（通訳兼商務官）の志筑忠雄（一七六〇―一八〇六年）が一八〇一年になって、当時ロシアの交易要求に応じることに反対していた自分の意見を補強するものとして、次のように訳した。

「今の日本人全国を鎖《とざ》して国民をして国中国外に限らす敢て異域の人と通商せざらしむること、実に所益なるに与れりや否やの論」

（「鎖国論 上」志筑忠雄訳、『少年必読日本文庫第五篇』博文館所収、一八九二年）

志筑はこれに「鎖国論」という題をつけたが、この本は出版されず写本が残った。その写本を、一八五〇年に黒沢翁満が『異人恐怖伝』として刊行したため、それ以来、「鎖国」という言葉と概念が独り歩きするようになった。ぼくはこの事実を、イリノイ大学人類学部に所属していた一九八〇年代の後半に、同大学東アジア研究所のロナルド・トビ（一九四二年—）教授の授業で初めてきいて驚いた。日本ではまだ、大学でもそんなことを言っている人はいなかったのだ（ロナルド・トビ『全集日本の歴史9 「鎖国」という外交』小学館、二〇〇八年参照）。

その当時は、オランダ人だけが長崎の出島でのみ日本との通商を認められていたということは、その頃の中学校や高校の教科書で身についてしまった知識だ。たしかに出島でオランダ人と日本人の交流があったことは事実だが、日本が海外に向けて開いていたのは出島だけではなく、出島の背後の長崎に加えて、対馬、松前、薩摩の四つの窓があった。

対馬がほとんど稲作ができない土地であったにもかかわらず栄えてきたのは、朝鮮との貿易を生業としていたからであった。北海道の松前は、極寒の地にありながらロシアとの交易で潤っていた。琉球王国は、侵入してきた薩摩とも、また中国の清朝とも交易することによって、結果的には、日本と中国、東南アジアとのパイプ役として機能していた。

こうして、たとえば松前で採取された昆布を、薩摩が北前船から買い取り、琉球を介して清に売り、その対価として仕入れた漢方薬を富山の薬売りや大坂の道修町《どしょうまち》の薬種問屋に高値で売って利益を得た。

このため、日本海から長崎・琉球・薩摩・瀬戸内を通って上方へ、さらに大坂・神戸・尼崎から江戸を結ぶ北前船《きたまえぶね》、回帰船という海上の経済流通網もできていた。さらに琉球の先の中国大陸、台湾、東南アジアへ、そして東インド会社を通じてヨーロッパへというグローバルなネットワークも形成されていた。

したがって江戸時代の日本は、これらの直接の当事国、すなわちオランダ、中国、朝鮮とだけでなく、それらの国々を介して、ヨーロッパからアジアまで世界の諸国と実質的には交流していたのである。

一八五三年に、初めて日本に開国を迫ったとされているペリー提督指揮のアメリカの黒船でさえ、すでにその半世紀も前から、オランダ籍船舶として何度も長崎に寄航していた。その証しのひとつとして、太宰府にある九州国立博物館とアメリカのマサチューセッツ州セーラムにあるピーボディ・エセックス博物館には、セーラムの商人が京都から持ち帰った漆塗りのナイフ・ボックス（「山水花鳥螺鈿《らでん》蓋付ナイフ入れ」と名づけられた木製の漆器）が展示されている。

東アジア、とくに中国には多数の日本人が行き来していたし、幕府に弾圧された隠れキリシタンたちの多くが、当時オランダ領であったマカオに逃亡していた。また、タイ（当時のシャム）やカンボジアに日本から一万人以上が移住して、山田長政（一五九〇頃―一六三〇年）でよく知られるアユタヤをはじめ、各地に日本人町を築いていた。

クメール族のつくった（今日のカンボジア、当時はシャム領の）アンコールワットには、三代将軍の徳川家光（在職一六二三―一六五一年）が長崎の通事を派遣しているし、慶長（一五九六―一六一五年）、寛永（一六二四―一六四五年）の頃に記された日本語の落書きが今でも多数残っている。現地を長年にわたって調査した文化人類学者の深作光貞（一九二五―一九九一年）は、「アンコール詣でが（近世の庶民に）ブームになっていた」（『アンコール・ワット』角川文庫、一九六五年）と書いている。

よく知られているように、江戸時代の伊万里、古伊万里などの陶器は海外でも好まれたため、その包み紙として浮世絵が用いられ流通した。そしてその包み紙を見た印象派の画家、とくにゴッホは北斎らの浮世絵に感激して、それまでの自分の画風を捨ててまで浮世絵の模写を行い、結果的に新たな印象派の画風を作り出したことはよく知られている。

公式には一八六七年のパリ万国博覧会で初めて、浮世絵や和菓子、京都の伏見の酒や八ツ橋なども ヨーロッパに紹介されたということになっているが、実際にはそれよりかなり早くから、それらの産品がヨーロッパで流通していたことは想像に難くない。

また、当時日本全土を旅して回っていたオランダ人たちは、日本の見世物をよく見ていて、彼らの導きによって日本の見世物芸人たちがイギリスに渡り、ヨーロッパ公演を果たしている例もある。

さらに朝鮮通信使によって、より多くの中国の情報がもたらされていた。一五九三年の豊臣秀吉の朝鮮侵略以来、混迷していた日朝間の関係が初めて正式交流として定例化されたのは、(「鎖国」時代の真っ最中であるはずの)一六三六年の朝鮮通信使からだった。釜山から長崎に来日し、日本列島を縦断して江戸に向かう彼らの行列を、日本各地の人々が見物した。

優れた学者、文人、芸人たちもこの行列に参加していたので、知的好奇心の高かった土地の文化人や医師たちが彼らの宿舎につめかけて知的交流を図ったという。その中でも最も影響が大きかったのは、日本人がそれまで聞いたことのなかった旋律の音楽や、見たこともなかった異国の舞踊であった。朝鮮通信使の「唐人踊り」は江戸時代の屏風絵や錦絵に描かれただけでなく、今日でも東京の山王祭り、大阪の四天王寺祭りなど各地の祭礼で演じられている。

こうしてみれば、「鎖国」の実態は、これまでの常識とはかなり異なっており、江戸時代にもさまざまなかたちで海外と人や文化の交流が行われていたことがわかる。当時、多くの東アジア諸国は海禁政策をとっており、その意味では日本の「鎖国」は、国際的に比較すれば「ゆるい海禁政策」であったとさえ言えよう。

実際、幕府が固く禁じていたのはキリスト教の布教だけである。一六三七年に勃発した島原の乱の鎮圧に難儀した幕府は、それ以後、キリスト教だけは厳しくとりしまったが、動物、鳥類の輸出入については事実上の制限はなかった。

そのため、出島に出入りしている医師や通詞、中国の貿易商、朝鮮通信使などが大名に献上した珍しい動物（熱帯の鳥など）が、やがて医師や芸人たちによって外部に持ち出されていった。

そして、当時の庶民たちが、自分たちが知っているカイコやイネの品種改良の知識を使って鳥を繁殖させるとともに、さまざまな品種をつくりあげた。当時は、メンデルの遺伝法則も知られていなかったが、とくに江戸では珍しい鳥を繁殖させていた。鳥を入手する機会の多かった武士たちのアルバイトになっていたからだ。また、当時のオタクたちが経験的にさまざまな試みを繰り返すことによって、それらを実現させていったのである。

読み書きできる町民たちは、好奇心から海外の文物や書物に関心をもつようになった。こうして海外の珍しい文物についても知識を得て、実際にゾウやクジャクなどの珍しい動物が入ってくることもあった。ごく普通の町民がそれらの見世物や行列などを見たいと思うようになり、海外の生き物について、絵でも実物でも触れる機会は少なくなかったと思われる。

したがって、江戸時代の日本は「鎖国」だったから、人々が海外の鳥を飼ったり、食べたりすることはまったくなかったというのは、明らかに誤解といってよい。

このように、江戸時代の日本は民衆レベルでも、西洋や中国とも活発に文化交流を続けていた。「鎖国」は、江戸時代がいかに封建的であったかを強調したいがために、後世がつくりあげた物語にすぎないのである。

2 「生類憐みの令」はなかった

また江戸時代の鳥と人間の関係というと、すぐに「生類憐みの令」がもち出される。「生類憐みの令」については、これまでの解釈では、五代将軍徳川綱吉（在職一六八〇―一七〇九年）によって定められた、人間よりも動物を極端なまでに愛護した法令とされてきた。だが実際には、それは一つの御触書ではなく、いくつもの法令の総体であるという点で、今では多くの研究者の評価が一致している。

そして、その中で対象になったのは犬や猫だけでなく、たしかに鳥の取り扱いに関する罰則もあった。そのため十七世紀後半の一時、これらの法令が極端に徹底された時期には、生きた鳥を食用として売ることや鷹狩りが禁じられたり、さらには鳥が巣を作った木を切って処罰されたこともあったと言われる。

しかし、「生類憐みの令」自体についての反論も多い。たとえば一部の書物では、鉄砲で鳥を撃って殺した大坂与力が処罰されたという記述があるが、少なくとも農村では、都市部で鳥を撃った武士に対するような処罰はなかった。

これは動物を虐待した場合に、武士への処罰は重く、武士以外への処罰は軽かったことの証明であるとも言える。実際、処罰総数は約七十件であったが、そのうち庶民の処罰はきわめて少数であったとされている（山室恭子『黄門さまと犬公方』文春新書、一九九八年）。

綱吉の統治時代、動物の保護に関するいくつかのお触れが出された理由としては、戌《いぬ》年生まれの綱吉は子どもができなかったため、母親から犬を大事にすればよいと勧められたのが、犬の愛護を命じた理由のひとつだと記されることが多い。

だが江戸初期には、「江戸名物、伊勢屋、稲荷に犬の糞」という流行り言葉があったように、当時の江戸の町中は野良犬が横行し、犬の糞だらけだった。しかも人間が犬に襲われたり、捨てられていた赤ん坊が犬に食べられたり、逆に人間が犬鍋として犬を食べたりしていたというのが実情だった。江戸市中の今日の歌舞伎座の付近でさえ、犬の肉を売る店が三軒あったことが記録に残っている。

このため、犬を保護する対策がとられることになり、その方策のひとつとして、中野村（現在の中野区）の三十万坪もの広い敷地に「囲い」と呼ばれる犬小屋を建設し、最も多い時期には十万頭の犬を集めて飼っていた（中野区民俗資料館蔵の資料）。

徳川幕府成立後、五代目にあたる綱吉の時代になっても、戦国時代の荒々しい気風はまだ残っており、江戸市中でも武士同士の刃傷沙汰や、武士による身分の低い人々の試し切りなどが後を絶たなかった。また先に述べたように、犬も人間にとって脅威の存在だった。「生類憐みの令」と呼ばれる一連の政策は、こうした戦国時代のなごりとしての殺伐とした世の中を平和で安定したものにするために、綱吉が行った動物愛護政策もしくは社会福祉政策であると考えることもできよう。

とすれば、徳川綱吉は「犬公方」と揶揄されるようなバカ将軍だったのではなく、むしろ「動物虐待防止法」を世界で最初に制定した（一八七六年）とされるイギリスより先に、動物愛護精神を日本に広げていった人物だったということもできるだろう。『日本誌』を書いたケンペルも、日本がいかに平和な社会であるかを示す具体例として、綱吉の統治策を紹介している。

にもかかわらず、それがなぜ悪法とされるようになったのだろうか。それは六代将軍の家宣が先代の綱吉を否定し、自らの政権を自画自賛するために、綱吉時代を極端にデフォルメして「生類憐みの令」を徹底的に悪法として糾弾したからである。そしてそれを演出したのが、朱子学者の新井白石（一六五七―一七二五年）であったというのが、今日の大方の歴史学者の一致した見解である。

さらに言えば、江戸時代の動物の殺生への抑制は「生類憐みの令」の効果よりも、仏教思想の影響が大きいだろう。殺生を戒める仏教の教えが抑制因子として働いたため、生き物を扱う人への差別感が深まった。当時の日本では農業が生産の基本とされてきたが、神道では、生贄にするなどの理由で動物を必要としたため、動物を扱う技術も必要だった。

こうしたことから、技術をもつ人間は技術をもつがゆえに怖れられ、それゆえに差別されることもあった。しかし、現実的には鳥は江戸時代には重要な蛋白源と考えられ、むしろ鳥をさまざまな方法で食べる風習が広がっていく。農家では、飼っているニワトリをしめて食べることが当たり前だった。

歌舞伎『仮名手本忠臣蔵』の七段目「祇園一力茶屋の場」でも、日常的にニワトリが食べられていたことを物語る場面がある。大星由良之助《おおぼしゆらのすけ》は主君だった塩冶判官《えんやはんがん》の仇討ちの決意が高師直《こうのもろなお》側にさとられないよう、祇園茶屋で遊興にふけっている。そこに元塩冶家家老でありながら寝返った斧九太夫が訪れ、酒を酌み交わすこととなった。

主君の命日前夜、本来なら精進潔斎しなければならないのだが、九太夫はタコの足を食べるように勧めて、由良助に討ち入りする決意があるのかどうか、そのホンネを探ろうとする。そのとき由良助は「手を出して足を戴く蛸肴」に続けて「扨この肴では呑めぬ〳〵鶏しめさせ鍋焼きさせん」と誘う。

これは歌舞伎の一場面ではあるが、一七〇三年の赤穂事件の頃は、綱吉の時代に祇園の茶屋で鳥鍋を出していた。すなわち鳥肉を食べていた証拠だと言えよう。

この頃には、農家ではたいていニワトリを飼っていたので、町民が夜こっそり犬鍋を食べていたように、田舎でもニワトリを食べていたと考えられる。第二章でも紹介したように、京都で暗殺された坂本龍馬も、仲間と食べるためにシャモを買いに行かせている。

さらに、歌舞伎『平家女護島《へいけにょごのしま》』の俊寛も、流罪された鬼界ヶ島で鳥や海草を食べて生き延びているし、後述するように、幕末から明治初期にかけて通訳として活躍したジョン万次郎（一八二七―一八九八年）は、漂着した鳥島でアホウドリを食べて生き延びた。仏教の中にも宗派によって考え方の違いがあるが、全般的には鳥を食べること自体は殺生になるとは考えられていなかったようだ。

こうして江戸時代には、鳥を大量に捕獲したり、ニワトリやシャモを大量に飼育して売って食べたりするようになり、いろいろな種類の鳥が大量に食べられるようになった。そこで鳥を効率的に捕獲するために、さまざまな技術が工夫、改良されていった。

なかでも効果的なのは霞網《かすみあみ》であった。これは地上や空中に、暗色の細い繊維で作られた網を張る方法で、離れたところから見ると霞がかかったように見えるため、この名がついた。鳥は網に気づかず飛び込むと逃げられないため、多くの種類の鳥を多量に捕えられるので、密猟にもよく使われた。

さらに、「流し黐縄猟《もちなわ》」という方法もある。この方法は、長い黐縄（鳥などを捕らえるために、もちを塗った縄）を湖沼の水面に流して、遊泳しているカモを捕らえる猟法である。この方法は全国各地で行われていたが、房総地域でもっとも盛んであった。

とくに現在、山階鳥類研究所のある我孫子市の手賀沼では、この「流し黐縄猟」と同時に、沼のほとりのアシのある場所でカモ網も仕掛けていた。水面の流し黐縄に驚いたカモの群れがアシ原に逃げてくると網にかかるため、この二つの猟法の併用によって、多数のカモを効率的に捕獲することができたという。

もちろん今では、学術研究などで特別に許可された以外は、このような猟はいずれも鳥獣保護法によって固く禁止されている。

3 殿様の趣味から町民へ拡大した鳥飼いブーム

江戸時代の日本の鳥文化に関する記録としてしばしばとりあげられるのは、各藩の殿様たちの趣味としての博物学である。歴代の徳川家や、九州の大名であった島津、細川、鍋島氏などの鳥に関するコレクションが有名である。

なかでも島津重豪《しげひで》（一七四五―一八三三年）は、当時のオランダ商館長や商館付きの医師シーボルトなどとも交流し、『鳥名便覧』に世界の鳥の絵を自ら詳細に描いたほどの鳥好きだった。

図3－1　島津家（島津重豪）絵巻物（山階鳥類研究所蔵）

もともと南蛮から長崎を通じて持ち込まれた鳥が多かったため か、島津家や鍋島家などは鳥の資料や図絵を豊富に所蔵しており、江戸時代には鳥の博物学が大名の道楽や趣味として広まったようだ。その背景には、「鎖国」の時代にあっても、薩摩には海外からの生物の標本や絵図、場合によっては生きた鳥そのものが入ってきやすかったという地政学的な条件がある。

しかし、江戸時代の鳥文化の特徴は、殿様だけの独占物として限られることなく、庶民の間にまで広がっていったことである。これが同じアジアでも中国や朝鮮とは大きく異なる点である。最初は大名が手に入れた珍しい鳥が庶民の間にまで広がり、飼ったり見せたりすることがブームになった。

江戸時代には鳥の図譜も多数作られている。たとえば、旗本でありながら本草学者でもあった毛利梅園（一七九八－一八五一年）が残した『梅園禽譜』には百三十八種の鳥が描かれているが、そのうちキュウカンチョウ、キバタン、ショウジョウインコなど十種以上は海外産の鳥だった。

その理由の一つは、殿様たちが城内で育て繁殖によって増えた鳥たちが、お城に出入りする者たち、とくに医師のように科学的知識をもっていた者たちによって城下に持ち出され、そこから生き物に興味のある武士や町民たちにまで広がっていったからである。

なかでも、有名なのは平賀源内（一七二八―一七八〇年）である。鳥だけでなく植物や薬草についてもまとめた「本草学」（近世の博物学）が彼によって成立し、育てたり見たりした生き物をできるだけ正確に描いてアーカイヴ化することが、当時の大名や学者、絵師だけでなく富んだ商人たちの間にまで広がった。そしてそれに、多くの庶民も関心をもつようになっていったのである。

庶民の娯楽であった歌舞伎、浮世絵、黄表紙、読本《よみほん》などにも、鳥がよく登場する。狩野派の花鳥画の絵師や伊藤若冲らは自ら鳥を飼い、収集家のところで鳥を見せてもらうこともあった。その作品の中には、明らかに海外から持ち込まれたと思われる鳥が描かれていて、実際にその鳥を飼っていた絵師や戯作者たちもいるなど、「鎖国」にもかかわらず多くの海外産の鳥や動物が日本に入っていたことがわかる。

国内外の鳥に関する生態や当時の標本、図絵などが広まったのは、この章の冒頭で述べたように、「鎖国」時代における日本の四つの窓があったからである。とくに出島から長崎ルート、琉球・奄美・薩摩ルートの比重は大きく、そこから北前船によって瀬戸内を介した播州・四国・摂津、そして大坂、さらに京へと広がっていった。

その結果、たとえば大航海時代に、大英帝国をはじめとする東インド会社が熱帯地域で捕獲した鳥類が描かれたものや、その生態を記述した石板図譜なども手に入るようになり、日本国内の鳥の数寄者たちの関心を掻き立てることにつながっていた。

また、先に述べたように、カイコは日本各地で品種改良されたが、その飼育方法の実例を代々記録したものが『養蚕秘録』として残されていたことも、飼い鳥の増殖や品種改良に役立った。さらにそれらの珍しい生き物を集めて人々に見せることも流行り、平賀源内らは日本各地で薬品会《やくひんえ》や物産市を行った。

そして、これらを支えたのが、当時の市井のオタク、すなわち数寄者のネットワークだった「連」である。なかでもとくに有名なのは、その中心になっていた大坂の商人、木村蒹葭堂だった。

木村蒹葭堂は船場の文具商の主人だったが、オランダ語を話し、ラテン語も読み書きができた。あらゆる標本、書画の大コレクターで、入手した方法は不明だが海外の標本も少なくなかった。上方を中心に、伊藤若冲を含む多くの絵師、学者、マニアが彼

図3－2　木村蒹葭堂（谷文兆、1802年、大阪市立美術館蔵）

のコレクションを見て知識を得た。

そうした中で、海外の珍しい鳥を見世物としてビジネスにしたのが、後述するように大坂では「孔雀茶屋」、江戸では「花鳥茶屋」であり、世界最初の動物園とされるロンドン動物園（一八二八年開設、一八四七年一般公開）以前に、江戸や上方では珍しい鳥を人々が観るブームが広がっていた。

さらに江戸では、人々が薬品会、尾長鶏品評会、闘鶏、鳴き合わせなどで、自分の育てた鳥を自慢しあったように、庶民の間に「鳥飼い」も浸透していた。これも大名、旗本などが飼育していた海外産の鳥が、庶民にも拡散していったものと考えられる。

このように江戸時代の鳥の飼育文化は「二重構造」になっており、大名や旗本の「飼鳥・図譜文化」とは異なる「鳥飼文化」が庶民にもあった。やがてカナリア、ブンチョウ、ジュウシマツ、ウズラなども国内で繁殖に成功し、日本中に広まっていく。

先に紹介した島津藩主、島津重豪の『鳥名便覧』をはじめ、鳥を飼うための多様な指南書が出版され、それをもとに自分の手元で鳥を繁殖させる人々が武士、花鳥画の絵師を中心に存在した。

当時の飼育書は大変実用的で、鳥の種類と飼育方法が解説されていた。挿絵も多用されていて、非常にわかりやすいものとなっている。さらに仏教の布教のために始まった木版印刷の技術は浮世絵、黄表紙、絵暦《えごよみ》、錦絵へと多様に展開し、そのための木版画の発達にともなって鳥の飼育書も印刷物として出版されて広く流通した。それらは現代では再現不可能なほどレベルの高いものであった。

4 鳥飼いオタクの代表は曲亭馬琴

しかし、江戸時代に巻き起こった鳥飼いブームの第一人者にして、鳥飼いオタクの代表といえば、なんといっても大長編読本『南総里見八犬伝』の作者、曲亭馬琴（一七六七―一八四八年）だろう。

一八二七年に著された有名な『曲亭馬琴日記』（全四巻別巻一、中央公論新社、二〇〇九―一〇年）では、日々の詳細な出来事が綴られているが、そのなかには鳥についての記述も多い。

江戸期には、鳥を運んでくる鳥屋や市（鳥の市）で鳥を買う場合が多かったが、買わない場合は、鳥を拾う、自ら捕りにいく、鳥を飼っている者から譲ってもらうなどの方法で手に入れていた。

馬琴は自宅に鳥を飼っていたが、一時期、百種類近くの鳥を飼育していたことも記している。『禽鏡《きんきょう》』（一八三四年完成）という鳥類図譜まで、娘の夫に絵を描かせ、自ら解説を書いて刊行した。しかしこれまで、国文学の領域での研究の対象とされていたため、『馬琴日記』の研究者には鳥についての記述はほとんど注目されてこなかった。

ここに着目して近年、英文学者の島森常子や科学ライターの細川博昭（『大江戸飼い鳥草紙』吉川弘文館、二〇〇六年）が、馬琴の飼鳥マニアぶりについて詳細に解読している。それによっても、馬琴だけでなく、当時の江戸の人々がいかに鳥や生物の飼育に熱心であったかよくわかる。

細川によれば、馬琴が鳥を飼い始めたのは、一八一三年のことであり（馬琴『吾仏乃記《あがほとけのき》』）、それはちょうど『南総里見八犬伝』の構想中であったという。最初に飼ったのは紅ウグイス（鷽）で、その後、馬琴の関心は金雀（金糸雀）、今でいうカナリアに移っていった。

さらに、蝦夷鳥（エゾチョウ）などもいたようだ。蝦夷鳥はイソヒヨドリと言われているが、それは『禽鏡』に記載されていたものを現在の鳥類学者がそのように解釈したからだと、細川は述べている。

金雀は「金糸雀」、「カナァーリア」などと江戸時代の他の文書にも記載されていることが多い。ではなぜ、もともとは北アフリカ産のカナリアが、江戸時代の日本に存在したのだろうか。その経路を探ると、長崎における貿易の記録である『唐通事《とうつうじ》会所日録《かいしょにちろく》』に、一七〇九年三月二十日、「唐船、いんこ鳥、ぐわび鳥、金雀鳥各一羽持ち渡りたる候」と書かれており、大航海時代にヨーロッパから持ち込まれたカナリアが、江戸時代になって外国人から武家に献上され、その後、武家から庶民へと飼い鳥として拡散したようだ。

山階鳥類研究所が所蔵している『鈴木牧之《ぼくし》記念集』の中から、黒田清子（山階鳥類研究所特任研究員）が見つけた記述によると、「金雀養方」という曲亭馬琴の手紙がある。馬琴は『北越雪譜』の作者、鈴木牧之（一七七〇―一八四二年）にカナリアの飼い方を教えたが、その手紙が「金雀養方」だった。

『鳥獣時事新聞』の記事によれば、カナリア飼育を専門的に研究した高野鷹蔵は、長岡積雪科学館に馬琴の自筆になる「金雀養方」があることを知り、それを保存のため三部写本してその一部を山階芳麿（一九〇〇―一九八九年、山階鳥類研究所創設者）に送ったと記されている。この「金雀養方」（写し）に、馬琴の金雀（カナリア）の飼育方法が書かれているはずだが、ぼくもまだ山階鳥研の書庫からそれを再発見できていない。

図3―3　山階芳麿博士（山階鳥類研究所蔵）

このように、馬琴は彼が飼っていた鳥たちが、家族との生活や周囲の人間関係にまで影響を及ぼすほどの鳥オタクだったようだ。今後、江戸時代の鳥飼い名人だった馬琴が残した日記や手紙をより詳細に読み解いていくことで、江戸の庶民の鳥の愛玩ブームについて多くの知見が得られるはずである。

図3－4　江戸後期の大坂名所案内『摂津名所図会』の挿絵「孔雀茶店」（竹原春潮斎画、1798年、国立国会図書館蔵）

5「孔雀茶屋」「花鳥茶屋」など見世物興行の流行

江戸時代初期には、京都四条河原、江戸堺町、大坂道頓堀などで珍しい動物を見せる見世物興行が流行した。また人口が増大し、都市が賑わいをみせるようになると、茶店が開設されるようになった。

そして江戸時代後期には、それまでの花見や祭礼時だけの仮設の施設から恒久施設へと定着していき、それらが珍しい動物を展示して見せる茶屋として特化していった。その茶屋のことを大坂では「孔雀茶店」、江戸では「花鳥茶屋」と呼んでいた。

「孔雀茶店　孔雀は孔子の家禽とし、文恵太子は羽毛を織りて裘《ころも》とし、交趾《こうち》の人は翠毛を取つて扇とす。ここには孔雀の錦毛の美なるを出だし、その外諸鳥を飼ひて、茶店《ちやや》の賑ひとなす事、これを俗にまねきといふ」

（秋里籬島『摂津名所図会』解説）

動物園史に詳しい若生謙二（大阪芸術大学教授）によれば、大坂の孔雀茶屋は、庭園とともに設けられた野外の行楽施設だった。江戸の花鳥茶屋は雨天でも観覧できる構造の施設で、講談調の解説が売り物となっていた。

大座敷では落語の夜講があり、酒食を提供するとともに、奇形ニワトリの展示をするなど娯楽と見世物の要素が強いものであったという。そして、その性格は一八五三年に浅草に開設された植物園「花屋敷」に引き継がれていったのではないか、と若生は推測している。

江戸時代後期に狂歌師、戯作者として活躍した大田南畝《なんぽ》（蜀山人《しょくさんじん》、一七四九―一八二三年）が、『蘆《あし》の若葉《わかば》』と題した紀行日記（新古今和歌集の藤原秀能の歌「夕月夜《ゆふづくよ》しほ満ち来《く》らし難波江の蘆の若葉に」からとられた）のなかで、十九世紀初め頃の大坂の「孔雀茶屋」の様子を記している。

「八日　晴　けふは灌仏会なり。重て四天王寺にまうでゝ、さきに見のこしつるところ〳〵みんとて出たつ。内両替町なる銀座にたちより、右へまがり、松屋町・瓦屋町の通を南さまにゆく。右のかたに植木うる家多し。

孔雀茶屋といへる暖簾かけたる大きなる茶屋あり。たちいりてみるに、錦雞、白鷴、灰鶴（マナヅル）・孔雀（二雄三雌）などあり。大きにひろき籠にいれたり。高麗雉かへる。籠のうちに黄楊の木などうへてかくれ所とす。籠の前なる欄の中に羊をかひ置り。奥のかたに池あり。杜若・菖蒲・萍蓬（カハホネ）処えがほなり。葦簀張の茶屋、たてつゞけて人々いこふ。

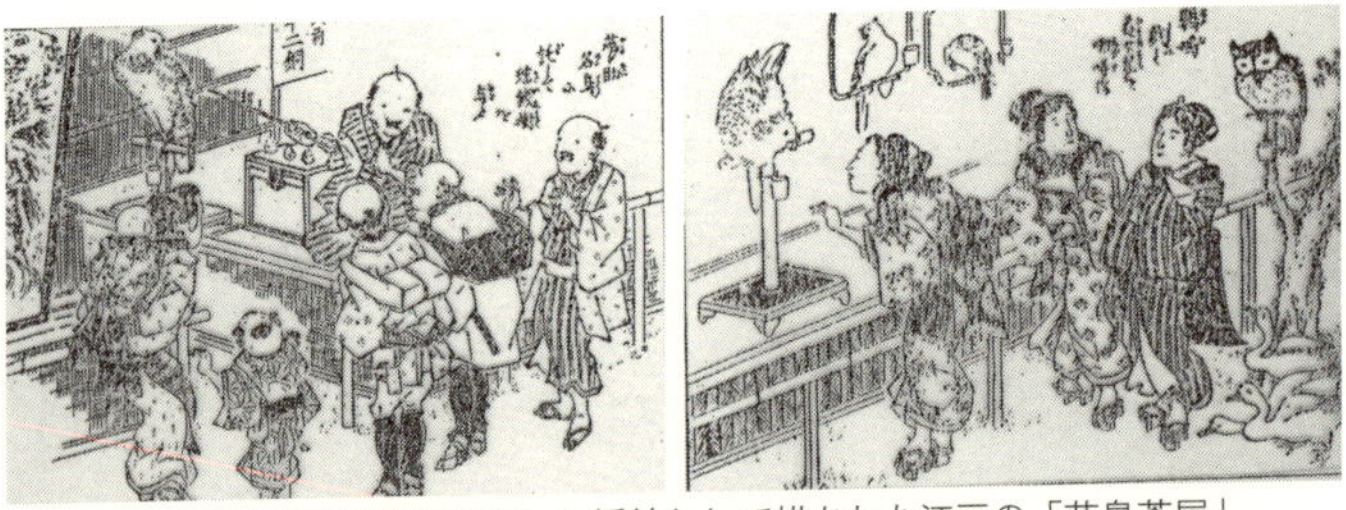

図3−5　渓斎英泉『魂膽夢輔譚』の挿絵として描かれた江戸の「花鳥茶屋」

江戸の花鳥茶屋に似たり。それより西寺町を過て、寺の裏門にいたる。」

（「蘆の若葉」『大田南畝全集第八巻』、岩波書店、一九八六年）

一方、江戸ではどうなったのだろうか。若生はその著書『動物園革命』（岩波書店、二〇一〇年）の中で、黄表紙『魂膽夢輔譚《こんたんゆめすけものがたり》』をひいて、その様子を説明している。

「昔は浅草上野山下には名鳥茶屋とて、珍しき鳥獣をあつめおきて見せたる茶屋ありしとぞ。入口に居る男かんばんを指さし……孔雀を御覧じてお茶をあがれ、代はお戻り十二銅……まず入口よりご覧じまし。是なるは人の真似して言語《ものいふ》鳥九官、つぎは鸚鵡の鳥……奥なるは名鳥でございますれども、是なるは日光山筑波山の雷獣ともうしましてかみなりのけだもの、次はむささび・野禽、日光のももんが、この尾の長いのが朝鮮猿……お咄の種に御覧じまし、前銭にはお貰い申しませぬ、代はお戻り々」

（『魂膽夢輔譚』一八四五年）

池上英洋

レオナルド・ダ・ヴィンチ

――生涯と芸術のすべて

没後500年。膨大な資料を元に、最新の研究成果を踏まえ、世界史上最大の変革期ルネサンスに生まれた巨人の、その足跡と実像に迫る、第一人者による本格評伝。

87400-9　A5判（4月下旬刊）５４００円

奥野卓司

鳥と人間の文化誌

文化表象からドローン技術へ

「花鳥風月」は日本的風景の象徴であり、鳥は独自の位置を占めると同時に、河川文明圏の中で大きな役割を果たしてきた。鳥と人間の密接な関係を歴史の中で考える。

82380-9　四六判（4月下旬刊）予価２２００円

島薗進

神聖天皇のゆくえ

―― 近代日本の精神史

なぜ天皇はかくも大きな存在になったのか。宗教学の大家が、近代日本において天皇崇敬が促された経緯を辿り、神聖天皇が社会に浸透していく過程を読み解く。

84319-7　四六判（4月下旬刊）予価1800円

6桁の数字はISBNコードです。頭に978-4-480をつけてご利用下さい。

4月の新刊 ●17日発売　筑摩選書

0174
台湾物語
作家・明治大学教授
新井一二三

▼「麗しの島」の過去・現在・未来

ガイドブックよりも深く知りたい人のために！ 台湾でも活躍する作家が、歴史、ことば、民俗、建築、映画、そして台北、台中、台南などの街と人々の物語を語る。

01681-2 1500円

好評の既刊 ＊印は3月の新刊

雇用は契約 ――雰囲気に負けない働き方
玄田有史　柔軟で安定した職業人生を送るための必読書　01665-2 1600円

流出した日本美術の至宝 ――なぜ国宝級の作品が海を渡ったのか
中野明　明治に起きた日本美術の海外流出の実態とは　01667-6 1700円

教養主義のリハビリテーション
大澤聡　来るべき教養の姿を、第一級の論者と共に探る！　01666-9 1500円

終わらない「失われた20年」 ――嗤う日本の「ナショナリズム」・その後
北田暁大　ネトウヨ的政治に抗し、リベラル再起動へ！　01669-0 1700円

民主政とポピュリズム ――ヨーロッパ・アメリカ・日本の比較政治学
佐々木毅 編著　各国の政治状況を照射、来るべき民主政とは？　01668-3 1500円

骨が語る兵士の最期 ――太平洋戦争・戦没者遺骨収集の真実
楢崎修一郎　人類学者による戦地からの遺骨鑑定報告　01670-6 1500円

魔女・怪物・天変地異 ――近代的精神はどこから生まれたか
黒川正剛　中世末期、なぜ怪異現象が爆発的に増殖したか　01671-3 1600円

教養派知識人の運命 ――阿部次郎とその時代
竹内洋　一個の生涯が告げる「教養」の可能性　01672-0 2000円

いにしえの恋歌 ――和歌と漢詩の世界
彭丹　和歌と漢詩の世界を「恋の歌」から読みとく　01673-7 1600円

「もしもあの時」の社会学 ――歴史にifがあったなら
赤上裕幸　「歴史のif」の可能性を探究した意欲作！　01675-1 1600円

ルポ プーチンの戦争 ――「皇帝」はなぜウクライナを狙ったのか
真野森作　続くウクライナ戦争。ハイブリッド戦争の真相　01676-8 1800円

フーコーの言説 ――〈自分自身〉であり続けないために
慎改康之　初めて明かされる思考の全貌　01674-4 1600円

美と破壊の女優 京マチ子
北村匡平　破壊者にして美の体現者、京マチ子の全て！　01677-5 1600円

「抗日」中国の起源 ――五四運動と日本
武藤秀太郎　百周年を迎える歴史的事件を新たな角度から分析　01679-9 1700円

＊**内村鑑三** ――その聖書読解と危機の時代
関根清三　時代の危機と斬り結んだ生涯　01678-2 1800円

＊**掃除で心は磨けるのか** ――いま、学校で起きている奇妙なこと
杉原里美　奇妙なことが起きている教育現場を徹底取材　01680-5 1500円

6桁の数字はISBNコードです。頭に978-4-480をつけてご利用下さい。

4月の新刊 ●11日発売 ちくま文庫

武道的思考

内田樹

「危険を察知し、避ける」ための極意

「いのちがけ」の事態を想定し、心身の感知能力を高める技法である武道には叡智が満ちている！ 気持ちがシャキッとなる達見の武道論。（安田登）

43590-3
800円

戦略読書日記

楠木建

●本質を抉りだす思考のセンス

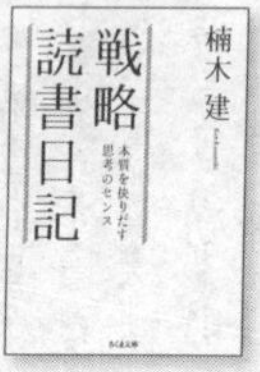

経営センスは読書で磨く！

『一勝九敗』から『日本永代蔵』まで。競争戦略の第一人者が自著を含む22冊の本との対話を通じて考えた戦略と経営の本質。（出口治明）

43591-0
1200円

パスティス

中島京子

●大人のアリスと三月兎のお茶会

漱石も太宰もケストナーもベケットも鮮やかに変身！ 珠玉のパスティーシュ小説集が「あとがき」という名の新作を加え待望の文庫化。（清水義範）

43586-6
640円

葡萄酒色の夜明け

開高健

●（続）開高健ベスト・エッセイ

旺盛な行動力と好奇心の赴くままに書き残された優れたエッセイを人物論、紀行文、酒食などに整理し、併せて貴重な書簡を収める。

43585-9
950円

五・一五事件

保阪正康

●橘孝三郎と愛郷塾の軌跡

農村指導者・橘孝三郎はなぜ、軍人と共に五・一五事件に参加したのか。事件後、民衆は彼らの減刑を願った。昭和の歴史の教訓とは。（長山靖生）

43587-3
980円

6桁の数字はISBNコードです。頭に978-4-480をつけてご利用下さい。
内容紹介の末尾のカッコ内は解説者です。

好評の既刊

＊印は3月の新刊

戦う石橋湛山
半藤一利

日本が戦争へと傾斜していく昭和前期に、ひとり敢然と軍部を批判し続けたジャーナリスト石橋湛山。壮烈な言論戦を大新聞との対比で描いた傑作。

43588-0 880円

飛田ホテル
黒岩重吾 「人間の性」を痛切に描く昭和の名作短篇集
43497-5 820円

西成山王ホテル
黒岩重吾 「魂の観察者」が描く大阪西成の男と女
43537-8 820円

本が好き、悪口言うのはもっと好き
高島俊男 読む歓びを味わいつくす名著、復活!
43532-3 880円

座右の古典 ●今すぐ使える50冊
鎌田浩毅 古今東西の名著を全50冊、一気読み!
43540-8 840円

アンソロジー カレーライス!! 大盛り
杉田淳子 編 読めばカレーが食べたくなる!
43542-2 800円

柴田元幸ベスト・エッセイ
柴田元幸 編著 名翻訳家による言葉をめぐる冒険!
43545-3 840円

アニマル・ファーム
石ノ森章太郎 ジョージ・オーウェル 原作 幻の名作コミック、
43559-0 740円

無敵のハンディキャップ ●障害者が「プロレスラー」になった日
北島行徳 固定観念を打ち破る感動のノンフィクション
43550-7 950円

談志 最後の落語論
立川談志 人生を賭けた落語への愛!
43544-6 740円

談志 最後の根多帳
立川談志 あの「ネタ」はなぜ演《や》らなかったのか
43558-3 880円

愛の本 ●他者との〈つながり〉を持て余すあなたへ
菅野仁・文 たなか鮎子・絵 入手困難だった幻の名著、文庫化!!
43563-7 640円

思考の整理学
外山滋比古 受け身でなく、自分で考え行動するには? 話題沸騰
02047-5 520円

伝達の整理学
外山滋比古 知識偏重から伝える方法へ。外山式思考法の決定版
43564-4 640円

生き残る判断 生き残れない行動 ●災害・テロ・事故、極限状況下で心と体に何が起こるのか
アマンダ・リプリー 生死を分かつ決定的条件は何か
43573-6 1000円

ぼくたちに、もうモノは必要ない。増補版
佐々木典士 世界累計40万部のベストセラー
43574-3 740円

他人《ひと》のセックスを見ながら考えた
田房永子 フーゾクって、こんなにいろいろあるのねえ。
43576-7 840円

＊**歪み真珠**
山尾悠子 読めばきっと虜になる、美しき幻想掌編作品集!
43579-8 760円

＊**「日本人」力 九つの型**
齋藤孝 福沢諭吉、夏目漱石、司馬遼太郎…。日本をつくった教育者の思考様式を解く
43589-7 950円

6桁の数字はISBNコードです。頭に978-4-480をつけてご利用下さい。

4月の新刊 ●11日発売 ちくま学芸文庫

大嘗祭

真弓常忠

天皇の即位儀礼である大嘗祭は、秘儀であるがゆえ多くの謎が存在し、様々な解釈がなされてきた。歴史的由来や式次第を辿り、その深奥に迫る。

09919-8
1200円

孤島

ジャン・グルニエ 井上究一郎 訳

「島」とは孤独な人間の謂。透徹した精神のもと、話者の綴る思念と経験が啓示を放つ。カミュが本書との出会いを回想した序文を付す。（松浦寿輝）

09921-1
1200円

論証のルールブック〈第5版〉

アンソニー・ウェストン 古草秀子 訳

論理的に考え、書き、発表し、議論する。そのための最短ルートはマニュアルでなく、守るべきルールを理解すること。全米ロングセラー入門書最新版！

09924-2
1000円

私の憲法勉強

中野好夫

■嵐の中に立つ日本の基本法

戦後、改憲論が盛んになった頃、一人の英文学者が日本国憲法をめぐる事実を調べ直し、進行する事態に警鐘を鳴らした。今こそその声に耳を傾けたい。

09923-5
1000円

6桁の数字はISBNコードです。頭に978-4-480をつけてご利用下さい。
内容紹介の末尾のカッコ内は解説者です。

主人公の夢輔と花鳥茶屋のオウムの魂が入れ替わるという、当時他の本でも流行した典型的なパターンの物語が展開していく。これらを通じて、若生は「ヒトと動物の関係学会」の二〇〇六年秋季シンポジウムで、「江戸の花鳥茶屋は大坂の孔雀茶屋が「大坂下り」した可能性がある」と述べている。

しかし孔雀茶屋は、当時の京都の清水寺境内のようなテーマパーク的なものであった。一方、花鳥茶屋は茶屋に鳥獣の見世物を加えたものであった。その性格には大きな違いがあり、また上方にも「花鳥茶屋」と呼ばれるものがあったとする歴史学者もおり、まだ不明な点も多い。

6 鳥好きの江戸時代の名残りをとどめる「お酉さま」

こうした「鳥好きの江戸時代」の名残として、今でも東京では、「お酉さま」（酉の市）という行事が盛んである。大阪では、「年の初めはえべっさん、年の終わりは道修町の神農さん」として、十一月に少彦名《すくなひこな》神社に詣でて「神虎」（張子の虎）を受けるのが通例だが、東京では年末は「お酉さま」で終わる。

歌川広重（一七九七―一八五八年）作の『名所江戸百景』のうち「浅草田甫酉の町詣」では、吉原の遊女の部屋に猫が描かれている。窓辺に手ぬぐいが置かれているのはこの絵の枠の外で、

図3−6　浅草田甫酉の町詣（歌川広重『名所江戸百景』国立国会図書館蔵）

男女が性行為をしている暗喩である。猫は、外に人がたくさん集まっているところをじっと見ているが、その行列の先にあるのはお酉さまの神社だ。このように、近世の江戸には「お酉さま」は習俗としてすでに定着していたことがわかる。

　この絵で描かれていると思われる浅草の鷲《おおとり》神社は、今日でも「お酉さま」で有名である。その他、アニメ『らき☆すた』で一躍オタクの聖地となった埼玉県の鷲宮神社をはじめ、関東ではもともと酉に関する神社が多く、多数の神社が旧暦十一月の酉の日に「酉の市」を開いてきた。だから「うちの神社こそが、酉の市発祥の「ヤマトタケルが亡くなった」とされる本家だ」と主張する神社も多い。

　その一方で、浅草の鷲神社のすぐ隣には長國寺というお寺があり、神社もお寺も「お酉さま」を催行しているが、これは江戸時代には神仏融合で同じ境内だったものが、明治政府による分離後も、法華経の寺院が（寺としては唯一）「お酉さま」を催行していたからである。

　もっとも鷲神社と長國寺は、それぞれお祀りしている神様が違い、鷲神社は天日鷲命《あまのひわしのみこと》、長國寺は鷲妙見《わしみようけん》大菩薩（鷲大明神）である。しかし、絵図で見る限り両者は大変よく似ており、ワシに近い姿の鳥に神様が乗っている姿が描かれている。

一方、江戸文化の専門家には、「酉の市」の本当の起源は、今日の足立区花畑の大鷲神社ではないかとする人が多い。当時から、「お酉さま」では、神社にニワトリを供えて後で放ったり、ワシの肢に見立てた熊手を振ったりしてお詣りする。一般の参詣客はもちろん、養鶏業者、焼き鳥屋など鳥産業に関わる業者は必ずといっていいほどお詣りしていた。

さらに、トビのように梁から梁へ飛んだり屋根の上を自在に動き回ったりするので、その名がついた鳶《とび》職にとっても、お酉さま詣では重要な催事だった。このような形で、江戸時代から「お酉さま」信仰が民衆の間に広がっていったと考えられる。

図3－7　浅草鷲神社の「酉の市」。2017年は11月に酉の日が３回あった。３回ある年は江戸に大火事が起こるとして恐れられていた。

馬の肉をサクラ、イノシシの肉をボタンと呼んだように、ニワトリの肉はカシワと呼ぶこともあった。当時のニワトリは色が柏餅の葉の色に似ていたのでそう呼ばれたが、日本人の仏教的な習俗として、生き物の肉を食べることへの抵抗があったのも確かなようだ。その後ろめたさを和らげるために、お酉さま詣でをしていたということもあるだろう。

では、なぜ江戸は「鳥」で、上方は「虎」なのだろうか。「神農さん」といえば、大阪の道修町にある薬屋の神様である。神農は古代中国の伝承に登場する三皇五帝の一人で、医薬と農業を司る神とされ、人々に医療と農耕の術を教えたところから、江戸時代に道修町の薬屋のシンボルとなった。「神農さん」に詣でると、寅年でなくても、張り子の虎を授与されるのは不思議だが、近世では「虎」が神格化されていたことが理由だと考えられる。

文楽に『摂州合邦辻《せっしゅうがっぽうがつじ》』という演目がある。玉手御前という女性が義理の息子に横恋慕したあげく、毒を飲ませて失明させてしまうが、実はそれにはお家騒動をめぐる深い理由があり、最終的にはハッピーエンド……というのがあらすじだ。その大詰めで、玉手御前が失明した義理の息子に自分の生き肝を差し出し、それを食べた息子は目が治るという戻しがある。その理由は、玉手御前が「寅の年寅の月寅の日寅の刻生まれ」だったからだとされている。

この浄瑠璃の語りから、当時大坂でペストが流行した際に、寅の年寅の月寅の日寅の刻生まれの人が、実際に生き肝を狙われるという事件が多発したらしい。大坂ではそれほど虎に対する信仰が強かったのだ。そしてそれは、今日のこの地域の阪神タイガース人気にまでつながっているのかもしれない。

ところで鳥の飼育は、江戸のほうが上方より盛んであった。そのことが、江戸の「お酉さま」にもつながっているとも言えよう。これに対し上方では、鳥を飼うよりも犬を飼うほうが流行っていた。大坂道修町には江戸時代から犬専門の薬屋まであり、この薬屋は犬の飼育書を書いて無料配布していたことでも知られている。

これは大坂型ビジネスの典型であろう。つまり犬の飼い方の本を無料配布することによって、人々が犬を飼うようになり、その結果として犬の本や薬を買う機会も増える。そこで海外のチンなど小型の可愛い犬を繁殖させて販売する犬屋も増え、江戸のように野良犬が横行することなく、自分のペットとして飼うスタイルが広がっていった。

こうして、江戸では鳥や猫が飼われ、大坂では犬が飼われるという動物文化の違いが生じることになった。

7 アホウドリが定めた「国境」

従来「鎖国」と言われていた江戸時代の日本も、地球レベルでみれば大航海時代というグローバリズムの真っ只中《ま ただなか》にあり、海と陸のいくつものルートを通じて海外から必要なものを取り入れ、また海外に文化が流出していたことはすでに述べた。

淡路島から出て蝦夷地、函館に進出し、ゴローニン事件（一八一一年）の巻き添えでロシアによってカムチャッカに連行された高田屋嘉兵衛（一七六九―一八二七年）の事件や、オランダ商館付きの医師シーボルト（一七九六―一八六六年）が日本地図や蚕種を持ち帰ろうとして逮捕された事件などが起きたことからも、海禁政策をとっていた江戸時代でさえ、海外に出て世界の文物と交わろうとした人々がいたことは明らかである。そしてそこにもまた、鳥の物語があった。

アホウドリはかつては日本各地の島々に生息していたが、明治維新以後は、日本の実業家、玉置半右衛門（一八三八―一九一〇年）らがアホウドリを大量に捕獲し、その羽毛を海外に輸出したために激減した。山階芳麿のまとめた記録では、一九一二年までに少なくとも五百万羽のアホウドリが殺されたという。

第二次世界大戦後、連合国軍総司令部の鳥類学者として来日したオリバー・オースティン・ジュニア（一九〇三―一九八八年）は、一九四九年に伊豆諸島南部から小笠原諸島北部を航海し、鳥島を含めた島々を観察して回った。その際、オースティンは丹念な観察の結果、アホウドリは絶滅してしまった可能性が大きいと発表した。

これが富国強兵、殖産興業によって西欧に追いつこうとした日本の近代化の実態だった。江戸時代が暗黒の時代で、明治維新が日本の夜明けだったとしてきた従来の「歴史」は、実はそれまでの自然を破壊し、他の生き物の上に人間が立とうとした「近代化」を、正当化するための物語だったのだろう。

しかし、その後、台風観測の当時の前進基地としておかれていた中央気象台（現在の気象庁）の鳥島測候所スタッフであった山下正司が、鳥島の急斜面の断崖にごく少数のアホウドリがいるのを発見した。再発見後、測候所職員によって現状の把握が行われ、一九六二年にアホウドリは国の特別天然記念物に指定された。

戦前からアホウドリの状態を憂慮していた山階芳麿は一九六〇年代からほぼ毎年、山階鳥類研究所の研究者を測候所への船に便乗させて、現状を観察させてきた。一九六五年に鳥島に群発地震が発生し、火山であった鳥島は噴火の危険があるとして全員引き上げとなった。この時、アホウドリの個体数はわずかに回復して、五十羽前後だったという。

こうしてアホウドリが日本で生息しているのは、つい最近までは伊豆諸島の南端の鳥島と尖閣諸島のみになってしまっていた。しかし鳥島は火山島で、実際に二〇〇二年に噴火したため、さらに本格的な噴火があれば、アホウドリは絶滅の危険性がある。

このため山階鳥類研究所は、二〇〇八年から十年以上かけて小笠原諸島の聟島《むこじま》への移送を行い、人工飼育して巣立ちをさせるなど繁殖地の復活に取り組んできた。現地に研究員が滞在して取組みを続けてきた結果、二〇一六年に出口智広研究員、尾崎清明副所長らによって産卵・孵化が成功し、ヒナが誕生した。

図3－8　デコイに寄りそうアホウドリ（山階鳥類研究所蔵）

鳥のヒナは、最初見た物を親だと思う「刷り込み」という習性がある。そこでその習性を利用して、アホウドリの実物大の模型（デコイ）を親だと思い込ませ、その中にカメラを設置して観察を続けてきた。また、アホウドリの背中に超小型の電波発信機を装着して、人工衛星ＮＯＡＡによる渡りの追跡も行った。

アホウドリについてよくされる質問は、アホウドリはなぜそんな名前がつけられたのかということだ。この名前は近世から使われるようになった俗称であるが、俗称が生物の和名になっているのはアホウドリだけである。学名は Phoebastria albatrus だが、ヨーロッパでも俗称は「馬鹿な鳥」という意味だ。

その名の由来は、アホウドリが大きな身体で動きも鈍く、すぐ人間に捕獲されたからだろう。このため、江戸時代に海外に出ようとして、あるいは海洋航海をしていて島に漂着した人たちは、当時は太平洋側の多くの島々に生息していたアホウドリを食べていたらしい。

江戸時代には、難破船が黒潮に流されて、水も木もない無人島だった鳥島に漂着したという記録がある。漂流者の中には十年、二十年にわたって生き延び、生還した者もいるが、その記録の中に彼らが鳥を食べていたという記述があり、その鳥はアホウドリだったと推測できる。

そのひとつ、一七八七年十二月に、大坂北堀江の亀次郎に雇われた肥前寺江村の金左衛門の船が犬吠埼沖で漂流し、翌年二月に鳥島に漂着した際の漂流記、『九州肥前寺江村金左衛門船、荒浜御城米積受下り候に付、大坂北堀備前屋亀次郎船に相成、無人島え漂流之日記』の中に、以下のような記述がある。

彼らは鳥島で二年前に漂着していた土佐船の生き残りだった長平に出会い、アホウドリや魚を食べて生き延び、十年後の一七九七年に自分たちで作った小船に乗って青ヶ島・八丈島を経由して江戸に帰った。文中の「白鳥」はアホウドリの成鳥、「黒鳥」はアホウドリの若齢個体またはクロアシアホウドリだと思われる。

「其近辺に岡道も有之㆑哉と尋候へ共、道もなく、嶮岨なる岩陰の焼山にて、少々伝はり易き場所を見付、夫より漸々よち登り候処、すき間もなく薄き（すすき）生しけり、中々歩行も難㆑成候へ共、色々工夫いたし押分〳〵通過候得は、山の中段より余程うへに広き平地の場所え出申候、其所は一面白鳥、黒鳥集り、足のふみ間もなく、誠に美敷事に御座候、なをまた大鳥にて目を驚かし、如何様の事にてかほとまて鳥集り候哉とあきれ果申候、（略）、先々道をいそき谷へ下り、夫より山へ登り、やう〳〵上へ出候て遠近見渡候処、目も届かぬ程の広き場所にて、其所は只一面に鳥計並居、夥事限りなく、誠にあきれはて申候、其鳥の中を押分〳〵通行、南の峠へ出候間に」

（加藤貴校訂『漂流奇談集成』叢書江戸文庫1、国書刊行会、一九九〇年）

（その近くに山道があるかと探しましたが、道もなく、けわしい岩陰の溶岩地で、すこし伝わりやすい場所を見つけ、それから少しずつよじ登りましたところ、隙間もなくススキが生い茂り、なかなか進むことが大変でしたが、いろいろ工夫してススキを押し分けながら通り過ぎてゆきますと、山の中段よりよほど上に広い平地のある場所に出ました。その場所は、一面に白い鳥、黒い鳥が集り、足の踏み場もないほどで、まことに美しいことでした。これらの鳥がまた大きな鳥なのでびっくりし、どういうわけでこんなにまで鳥がたくさん集っているのかとあきれました。（略）先々道を急いで谷へ下り、それから山に登り、やっとのことで上に出て見晴らしますと、目も届かない程の広い場所で、そこはただ一面に鳥ばかり並んでいて、その数のおびただしいことといったら限りなく、まことにあきれ果てました。その鳥の群れの中を押し分け押し分け進んでいって南の峠に出ましたところ）

江戸時代の漢詩人、菅茶山《かんちゃざん》（一七四八―一八二七年）が文化文政期（十九世紀初め）にさまざまな人の話を聞書きした『筆のすさび』にも、伊豆諸島の海域の「鳥柱」について、以下のような記述がある。

「伊豆の海中に鳥柱といふものあり。晴天に白き鳥数千羽、盤舞して高く飀る。空は眼力の及ばざるに到る。大なる白き柱を海中に立たるがごとし。八丈島より南にありとぞ。」

（伊豆の海に鳥柱というものがある。晴れた空に白い鳥が数千羽、ぐるぐると舞い飛んで高く上がる。上空の見えなくなるほどの高さに達する。大きな白い柱を海に立てたようだ。八丈島より南にあるという。）

（植谷元他編『新日本古典文学大系99』所収、岩波書店、二〇〇〇年）

こうした漂流記のなかでもとくに有名なのは、伊豆諸島の鳥島に漂着したジョン万次郎がアホウドリを食べて生き延びた日記であろう。同じ伊豆諸島の父島にはペリーが横須賀に入港する前に寄港しているが、アメリカが日本に開国を迫った理由が捕鯨の寄港地の確保であったように、当時父島は寄港地として重要な意味をもっていた。つまり、伊豆諸島周辺は捕鯨の盛んな海域でもあったのだ。

ジョン万次郎はアホウドリを食べて命をつないで生き残るうちに、アメリカの捕鯨船に発見され、乗組員として働かされながらハワイまで運ばれた。彼は非常に優秀だったためにアメリカ本土まで連れていかれ、最初の日本人渡米者となった。そして開国の際には日本側通訳として働き、幕末から明治にかけても日米和親条約の通訳などとして活躍した。

いずれにしても、近代以前、日本の国境は曖昧なものだったが、鳥島の日本人がアホウドリを食べていた記述が残っていたことが、明治以降の国境線の決め手になったともいえる。アホウドリに限らず、今日でも、離島や国境地帯に稀少鳥類が残ることが多い。

たとえば北海道に飛来してくるタンチョウヅルも、朝鮮半島の三十八度線の非戦闘地域に生息し夏を過ごすことが多いと言われている。国境地帯は、人間が立ち入ることが少ないので、そこに稀少な鳥類が生息している例が少なくないのであろう。江戸時代には、日本とアメリカ、カナダの船の航行境界になっていた北太平洋の島々にアホウドリがいたというのも、その事例の一つと言えよう。

このように、鳥にかかわる人間の生活を歴史的に比較し解読することは、その時代の、その地の文化を、時間・空間を遠く離れたわれわれが知ることにつながっていく。

第四章

鳥を使う文化――アビ漁、鷹狩、鵜飼

1 「鳥を使う」文化

人間と鳥の主な関係には、「鳥を観る」「鳥を聴く」「鳥を獲る」「鳥を飼う」「鳥を使う」「鳥を食べる」「鳥を競う」などがある。そのうち、今日、多くの人がまずイメージするのは「鳥を観る」、つまりバード・ウォッチングだろう。だが、それは鳥との関係の近代的な「イメージ」だ。これが、つい最近「創作されたもの」であることは、第五章で詳述する。

「鳥を競う」については、闘鶏（ニワトリ、シャモなど）、鳴き合わせ（メジロ、ウグイス、ホオジロなど）、競走、品評（オナガドリ、チャボなど）などがあるが、関連する行事やその鳥の種類によって、それらの登場する各章でふれてきた。

ただ、このうち「鳴き合わせ」は、現在はこれに用いられてきた野鳥の捕獲、飼育が鳥獣保護法で禁止されているため、行えないことになっている（が、現実にはマニアによって違法に行われている）ことは記しておきたい。

また、「鳥を獲る」「鳥を飼う」「鳥を食べる」という関係については、世界的にマニアをのぞいて、またその対象としての家禽をのぞいて絶える方向に向かっており、その歴史的経緯や日本と外国との比較を他の章で述べる。

「鳥を使う」という関係についてはいくつかあるが、その主なものは鷹狩と鵜飼であろう。本章では、それらを含めて、「鳥を使う」文化について検証していきたい。

2 「占い」に使われた鳥の神秘性

人間にとってもっとも原初的な「鳥を使う」方法は、鳥を使った占いである。鳥は空を飛んでいくので、その姿をはるか下の地上から見た人間にとっては、自分の知らない世界から飛んできたように、あるいは自分の知らない世界に向かっていくように感じる。

そしてその方向は、人間の立ち入れない神の領域というように感じられていた。このため鳥は、人間世界と異世界、人間と神をつなぐ存在だと多くの民族で考えられるようになった。その神のお告げを人間に知らせてくれるのは、その間を行き来できる生き物である鳥しかなく、鳥は占いに適したのだろう。

実際、日本でも、最近まで鳥におみくじを運ばせる籠を置く神社もあったし、縁日で鳥に客の手までおみくじを運んで来させる露店もあった。このときよく使われたのはブンチョウで、ブンチョウは人間に慣れると手に乗る習性があるためである。

しかし最近では、動物愛護の観点から生き物を見世物に使うことへの批判が強くなり、鳥獣保護法によって鳥の飼育が原則的に禁止されているので、そうでなくても実際それらの生き物を飼育しながら使いこなすのは大変なので、占いのためにわざわざ鳥を飼うという習俗は廃《すた》れていった。

もっとも、たとえば台湾の地方都市では今でも鳥を使った占いが行われているし、日本でも名古屋の繁華街の大須商店街のビルにはブンチョウ占いを生業にしている女性占い師もいる。このことは、今日では、鳥の占いはその程度にしか残っていないことを意味してもいよう。

3 世界で情報伝達に使われたハト

「鳥を使う」二番目の方法は、ある種の鳥はどこから飛ばしても必ず帰巣するという習性があるので、その習性を利用して情報伝達に使うものである。その代表例が伝書鳩だった。

ハトは高い飛翔能力をもち、一〇〇〇キロメートルも離れた地点からも自分の巣に戻る行動習性があるので、古くから洋の東西を問わず、伝達したい情報をハトに託すということが行われてきた。多くの場合、脚に通信文を入れた小さな筒をつけさせたり、また背中に小さな荷物を背負わせて運んでいた。

伝書鳩の歴史は非常に古く、紀元前約三千年のエジプトで、漁船から漁の状況を知らせるために利用していたとされている。古代ギリシャでは、各ポリス間の通信に使われただけでなく、各ポリスの代表が参加した競技会の優勝者は、ハトの足に赤いリボンを結び付け、故郷に知らせたという。

さらにローマ帝国時代には、軍事用の通信手段としても広く使われるようになった。以後、戦場で伝書鳩が通信に使われるということが長く続き、十九世紀の普仏戦争（一八七〇―一八七一年）ではパリがプロイセンに包囲されたとき、パリの市民たちは熱気球を使ってハトを都市外に連れ出し、ヨーロッパの諸国に自分たちの状況を訴えたという。

第一次世界大戦でも伝書鳩は盛んに使われたが、一方で伝書鳩を撃ち落とすためだけのショットガンが配備されたこともあった。さらに第二次世界大戦時のイギリス軍は、約五十万羽の軍用鳩を飼っていた。これに対してドイツ軍は、タカを使って伝書鳩を襲わせる対抗手段をとった。

日本でも戦国時代においては、ハトは前線から本隊へ戦況を伝えるために使われてきた。また江戸時代の京都や大坂では、米会所への米相場の連絡にも使われた。明治時代に入ると軍事利用が本格化し、多数の伝書鳩が輸入され国内で増殖された。こうした伝書鳩の利用は、無線通信が普及した後には激減する。だが、無線は傍受されるリスクがあるため、その恐れのないハトによる情報伝達はその後も長く使われた。

やがて報道機関でも、取材メモの伝達に伝書鳩が使われるようになり、一時期、東京の各新聞社の屋上に鳩小屋が作られていたほどだった。実際に一九七〇年代までは、伝書鳩を使って本社まで情報を送ることがあった。地震などの被災地の現場では、電話も使えない場合があったため、伝書鳩のほうが確実とされたからである。

こうした情報を伝達するというハトの役割は、今日ではほとんどなくなり、その習性を利用してスポーツとして残っている。それがレース鳩である。中国や日本では、以前から賭け事として、ハトを使った競争が伝統的に行われていた。今はそれが明確にルール化されて、一般社団法人日本鳩レース協会や一般社団法人日本伝書鳩協会のもとで、競技としてレース鳩の帰巣速度競争の大会が開催されている。

ただ、ハトは帰巣本能によって、最終的に自分のいた鳩舎に戻ることはできるが、任意のA地点から任意のB地点に向けて飛ぶということはできない。つまり、さまざまな地域から集まったハトを、同じスタート地点から同一の目的地に向けて競争させるのは不可能なのである。したがってレースでは、同じ鳩舎で育ったハトを同一地点からスタートさせ、そこに戻る時間を競うという形式になる。

ところが近年、こうしたレースでもハトが鳩舎に戻る率が低くなっている。環境の変化や、とくに携帯電話などの電子機器による電磁波が大量に都市を覆うようになった影響で、ハトの方向感覚が狂わされているためなどと言われているが、本当の原因はよくわかっていない。

いずれにせよ、このことはレースの途中で多数のハトが脱落し、鳩舎以外のどこかの地で生息していることを意味し、それが土鳩を増やす原因にもなっている。

もともと普通に見かけるハトはキジバトではなく、ヨーロッパからもたらされた外来種のカワラバトが家禽化したものである。だから、人間の飼育下から離れたハトは、すべて外来生物となってしまう。伝書鳩の場合、人間の都合でこれを「土鳩」と呼んでいるだけだ。

4 「平和」ではないハトの悲劇

かつてオリンピックの開会式では、帰巣する習性を利用して、必ずハトが使われてきた。多数のハトが会場から放たれ、空を羽ばたいていくシーンが、世界の平和の象徴のようにイメージされていたからだ。

『オリンピック憲章』の二〇〇三年版までは「聖火はオリンピック競技大会の閉会式まで消されてはならない。聖火への点火につづいて、平和を象徴する鳩が解き放たれる」と記されていた。実際、一九六四年の東京オリンピックの開会式でも、八千羽ものハトが国立競技場から東京の空を舞った。

こうしてオリンピックでは長く本物のハトが使われてきたが、一九八八年のソウル大会で悲劇的な事故が起きてしまった。ハトを放つタイミングを間違え、聖火の点火前に放したため、聖火台のへりにとまっていた多くのハトが逃げ遅れて焼け死んでしまったのだ。たちまち動物愛護団体などから激しい抗議を受け、それ以後、開会式に本物のハトを使うのは困難になってしまった。

このソウル大会での事故の後、オリンピック憲章からハトを使う記述は削除されたが、明文化されなくても伝統は引き継がれ、ハト形のビニール風船を飛ばしたり、ハトのコスチュームを着た人間が踊ったり、映像でハトが飛んでいるシーンを再現するなどさまざまな工夫がなされて、オリンピックには「平和の鳩」が今もツキモノとなっている。

そして、ついに二〇一八年、韓国の平昌冬季オリンピックでは、グーグルが千二百機以上のドローンを強風の吹く夜空に飛ばせて、全体でハトを象《かたど》る演出をみせ、世界を驚かせた。いずれはドローンではなく、多数のハト形ロボットが競技場から空に飛んでいくシーンが演出されるだろう。

おそらくその頃には、この技術はすぐさま実用化され、かつての伝書鳩同様、今度はロボットのハトがモノや情報を伝達するようになっているだろうと想像できる。その時、それが軍事に使われて、敵地の偵察や化学兵器の輸送などの利用がなされることもまた容易に想像できる。こうなると平和のシンボルは、むしろ戦争の道具になってしまうという逆転が起きかねない。

いや、すでにその前に、ハトは決して「平和な生き物」ではないと言い切っているノーベル賞学者がいた。動物行動学の祖、コンラート・ローレンツである。

ローレンツは『ソロモンの指環』（日高敏隆訳、早川書房、一九六三年）のなかで、ハトは攻撃的な身体上の武器をもっておらず、また仲間から攻撃をうけると飛んで逃げるという手段を選べるので、オオカミなど肉食動物のような攻撃性を抑制する機構を進化させる必要がなかったという。

しかし檻の中に一緒に入れられたハトは、どちらかが強いと一方的にくちばしでつつき、止まることがない。攻撃されたハトは自然界とは違い、オリがあるので飛んで逃げることもできない。強者は弱者が死ぬまでつつきまわす。背中じゅうの羽毛をむしりとり、ペロリと皮をむき、相手が抵抗できないほどになってもなお冷酷に傷つけるという。

平和のシンボルとされるハトは、強い武器をもたず、逃げるための羽をもっているがゆえに攻撃性の強い動物だと、ローレンツは人間の勝手な「思い込み」に疑問を投げかけた。しかしハトのこの攻撃性も、人間の管理下での使い方によっては「競技」にも「武器」にもなるのだから、人間は狡《ずる》い生き物と言えるだろう。

ところが、動物行動学によって暴露されたこの人間の思い込みを、昔の日本人は知っていたようだ。鎌倉の鶴岡八幡宮の本宮門に掲げられた「八幡宮」の「八」は、二羽のハトで描かれている。武士として初めて政権をとった鎌倉幕府は、武士の勇敢さを象徴する家紋としてハトを、その「攻撃性の強さ」ゆえに好んで使った。

『源平盛衰記』や『太平記』などの軍記物では、ハトが出陣に際して勝利のシンボルとしてしばしば登場する。やがてハトは八幡宮の使いとして崇められ、鶴岡八幡宮は別名「鳩の宮」として親しまれてきた。八幡宮のおみやげとして有名な「鳩サブレー」の由来もここから来ている。

さらに八幡宮とハトのイメージは、京都の石清水八幡宮、大分の宇佐神宮など有数の神社をはじめ全国に広がり、その結果、八幡宮といえばハトのイメージが定着した。その過程で、鳩という漢字は安んじるという表意文字でもあるため、武神という意味と同時に、安全・安心の象徴にもなった。その時代の人間の都合のよい思い込みで、ハト自身の存在とはまったく関係なく、「武力に長《た》けた生き物」から「平和のシンボル」にされていたのだ。

八幡宮の象徴がハトであることから、神社にいるハトは日本土着のものと思われているかもしれないが、これらも歴史的には外来種である。レース鳩も同様に、私たちが街中で普通に見かけるドバトと分類上は同じだが、数世紀にわたる長い年月をかけて改良されてきた。

優秀なレース鳩は信じられないほどの高額がついている。血統や実績によっては、一羽数百万円を超える個体も存在すると関係者からきいた。優勝をねらうハトの所有者は、飼育の専門業者の鳩舎に預けて育ててもらっているし、レース鳩のオークションも開かれている。

「鳥を使う」もっとも有効な方法は、魚、小鳥、小型の哺乳類を捕獲することである。その代表がアビ漁、鷹狩、鵜飼だ。

人間が鳥を使って獲物を捕獲させるという場合、現代では飼い慣らした鳥に魚や小動物を捕獲させる方法をすぐ思いつくが、かつての日本においては、大陸から飛来してきたアヒルやアイガモを水田に放ち、除虫や除草をさせる農耕が行われていた。なかでも豊臣秀吉はアヒルの放鳥を奨励したとされている。

一方、漁業においては、レーダーのない時代には、漁師は鳥の群れを追って漁場を探す方法を用いていた。それを応用したのが、今はもう途絶えてしまったアビ漁と呼ばれる方法である。

図4ー1　瀬戸内海の斎島付近のアビ漁（下村兼史撮影、1930年。山階鳥類研究所蔵）

アビ科のシロエリオオハムは、夏にアラスカやシベリア北東部などの北の地域で繁殖し、冬に越冬のために南下し、春にまた北へ帰る渡り鳥で、江戸時代の日本の瀬戸内海地域では、主にこのアビ（シロエリオオハム）を利用した「鳥持網代《とりもちあじろ》」という、世界的にも珍しい漁が広く行われていた。

アビは小魚のイカナゴを好物としているが、イカナゴのいる地域にはマダイやスズキなども生息していた。アビが集まってくるとイカナゴは海中に逃げ、それを狙ったマダイやスズキが寄ってくるので、漁師は一本釣りでそれらを釣り上げる。

鳥が群れをなして山のようになっているところを「鳥山」といい、そこをめざして漁をするのが鉄則だった。それは単にめざす魚が多いというからだけではなく、アビという鳥は集まって独特の動きをするので、漁がしやすいというメリットがあったからだ。人間と鳥であるアビが一体になった漁法と言えるだろう。

このアビ漁は江戸時代の十七世紀前半に始まり、広島湾安芸灘で広範囲に行われていたが、最も栄えたのは斎島《いつきしま》（現在の広島県呉市豊浜町）である。この島は古来から神の宿る島として信仰され、海上航行の安全祈願が行われていた。広島地方の古文書『芸藩通志』によれば、斎内《さいない》親王《しんのう》から幣帛《へいはく》（神に奉献する供物の総称）を賜ったという伝承がこの島の名の由来であるという。

アビ漁で栄えたこの地域では、アビを大切に保護し、一九三一年には「アビ渡来群游海面」として国の天然記念物に指定された。またアビは、一九六四年には、広島県の県鳥に指定されている。

しかし、瀬戸内海の度を越えた大量の海砂採取や高速船の往来の増加などでアビの渡来数が年々減少したことにより、一九八〇年代には、三百年間続いたこの方法に終止符を打たざるを得なくなった。

これらの瀬戸内の島々には多くの夷神社、蛭子神社がある。これは、今日では商売繁盛の神様という側面の強いエビス神が、ここでは、もとは瀬戸内海域の信仰であったことを示唆している。実際、エビス神は釣り竿と鯛をもっている姿で描かれることが多いように、漁業の神様であった。

しかしそのエビスは、第二章で詳述したように、ニワトリに鳴かれて慌てて逃げたコトシロヌシであるとする「出雲説」もある。

ところで第一章で指摘した、イザナギ、イザナミがセキレイの交尾から学んだ方法で生まれた最初の子に障害があり、芦の船で流された蛭子《ひるこ》であるとする「古事記説」があるが、いずれにせよ陸上での日常の生活をおくる庶民にとって、異世界から来た異人だった。

豊島《てしま》でも漁民はアビを「神鳥《かみどり》」と呼んでいたが、この神鳥の繁殖とともに、大漁を祈ってエビス神を祀っていた。毎年、アビ漁の初めにはイカリ祭と称して、恵比寿神社に参って獲《と》ったタイやスズキを供えた。

この氏神の恵比寿神社とともに、沖の島々にも六カ所のエビスサンがあり、そこにも御神酒を供えて、その年の大漁を祈った（『瀬戸内海及び周辺地域の漁撈用具と習俗』瀬戸内海歴史民俗資料館、一九七八年）。

エビス信仰の総本社は西宮神社であるが、現在は国道二号線沿いの陸地になっているこの大社あたりも、江戸時代にはまだ瀬戸内に面した浜だった。ここに祀られているエビス神は、鳴尾の漁師がその神像を和田岬ですくい上げ、西宮にもちかえって鎮座したという伝説によっている。

その伝説は、アビ漁の起こりよりさらに古く、一一八〇年に中山忠親が記した日記『山槐記』に記されており、それ以来、西宮神社の御輿が旧暦の八月二十二日に、現在の神戸市兵庫区の和田岬へ船渡御《ふなとぎょ》するようになった。

今日では大祭でそれを再現し、阿波人形浄瑠璃の三人遣いの恵比寿人形が鯛を釣りあげて、御座船に還す神事が行われている。このことは、瀬戸内全域で「鳥山」をめざして行う漁法や、アビ漁が行われていた証左でもあろう。

6 変容した「鷹狩」

鳥を使った猟として、もっとも知られているのは鷹狩だろう。タカ科のオオタカ、イヌワシ、ハヤブサ科のハヤブサなどを訓練して、ウサギ、キツネ、小鳥などを攻撃させて人間が捕獲する。紀元前三千年くらいから中央アジアで始まり、中国、ヨーロッパを中心にして、ユーラシア大陸、北アメリカ大陸全域で広く行われてきた。

アッシリア王サルゴン二世の時代（紀元前七二二—前七〇五年）に、現在のイラクのドゥル・シャルキンの遺跡から、鷹狩の様子を刻んだレリーフが出土しているのが最古の記録とされている。

このように中央アジアで始まった鷹狩だが、フン族の西への移動とともに、鷹狩もヨーロッパに伝わっていき、王侯貴族の娯楽として広まっていく。とくに神聖ローマ帝国のフリードリヒ二世（一一九四―一二五〇年）は鷹狩について熱心に研究し、世界初の研究書ともいえる『鳥類を用いた狩猟術について』と題した書物を書いている。

現在でも、富裕層のスポーツとしての鷹狩は続けられている。アラブ首長国連邦では、タカの品評会、タカの専門病院などもあるほど盛んである。

図4－2　祇園祭の「鷹山」のご神体を飾る「房祭り」（公益財団法人 鷹山保存会）

一方、日本最古の鷹狩の記録は三五五年で、『日本書紀』には、百済《くだら》出身の家臣が飼育したタカを用いて、百舌鳥野《もずの》（現在の大阪府堺市）で仁徳天皇に鷹狩を見せたことが記されている。さらに五世紀から七世紀には、鷹匠《たかじょう》と思われる格好の埴輪やタカの埴輪が、かなり多く出土している。これからみても、日本では早ければ四世紀、遅くとも五、六世紀には鷹狩が行われていたといえよう。

当初は天皇家の独占とされ、天皇の鷹狩を司る放鷹司《ほうようし》という身分制度やタカを訓練する鷹甘部《たかかいべ》という制度もできた。それがやがて貴族にも受け継がれ、鎌倉時代からはそれを真似て、権威付けをしようとした武士によって行われるようになっていく。そしてしだいに、武士の勇猛さを象徴する行事としての色彩が強くなった。

こうして大和朝廷時代には大切であった動物性食糧の捕獲という目的を離れ、武士の娯楽やスポーツというかたちに変容していく。武士の鷹狩の様子は、鎌倉幕府時代の前半を扱った歴史書『吾妻鏡《あづまかがみ》』（十三世紀末か十四世紀初めに成立したとされている）にも描かれている。さらに室町時代になると、「洛中洛外図」にも鷹狩の様子が数多く描かれており、当時は京都市中でも鷹狩が頻繁に行われていたことを物語っている。

これまで都での鷹狩のことはあまり研究されていなかったが、かつては京都の祇園祭でも「鷹山」が巡行していたほど、鷹狩とは深い関係があった。

「鷹山」は別名「鷹匠山」とも呼ばれているが、ご神体が鷹狩の古いかたちを示している。ここでは、タカを手に持つ「鷹匠」（「鷹遣《たかつかい》」）、犬を引いている「犬飼」、樽を背負い面白おかしく粽《ちまき》を食べる「樽負《たるおい》」という従者の三体の神が祀られている。

今でも「宵山」では三条通室町の衣棚《ころものたな》町の町家で、そのご神体が公開されている。これは応仁の乱以前の姿で、光孝天皇（在位八八四―八八七年）の前で、中納言の在原行平（八一八―八九三年）が鷹狩を見せている場面である。

応仁の乱の頃は非常に素朴な人形を飾った「鷹山」が巡行していたが、その後、何度も戦災や火災で罹災するたびに復興され、江戸時代の後期にはしだいに派手になり、破風《はふ》に金細工が施されるようになった。しかし一八二六年に「鷹山」が大破した後は、当時の「洛中洛外図」にも描かれていないことから、巡行にも参加しなくなったのだろうと考えられている。

こうして「鷹山」の伝統は長く失われていた。しかし、二〇一八年六月に、もともと「鷹山」を所有していた衣棚町などで保存会が結成され、二〇二二年には「鷹山」の巡行復活をめざすと発表した。

鷹狩といえば、タカが獲物を見つけて飛んでいき、鷹匠のもとにもって帰ってくるように思われがちだが、そうではない。鷹狩では猟犬を連れている場合が多く、犬に追わせた獲物をタカがめざしていき、鳥や小型哺乳類などをキャッチすると、鷹匠はただちにその場所まで走っていって、タカが地上に降りたとたんに獲物をとりあげ、代わりに餌を与える。その意味では鷹狩では、タカが完全に飼育されているというわけではないのだ。

先に述べたように、日本では中世以降には、武家中心に鷹狩が行われるようになったが、その勇壮さを示すために、より儀式化されるようになっていく。蝦夷地ではアイヌを威圧するために、タカを同行することもあった。

『源氏物語』、『伊勢物語』、『今昔物語』などにも、よく鷹狩が登場する。それは和歌にもとり入れられ、「大鷹狩」は冬の歌語、「小鷹狩」は秋の歌語とされた。鷹狩の流派も生まれ、禰津《ねづ》流、小笠原流、宇都宮流が三つの主要流派となった。やがて禰津流はそこから三つの流派、すなわち屋代流、荒井流、吉田流に分派していき、結局六派になる。

織田信長以降も、鷹狩は武士の特権として、また勇壮さの象徴として受け継がれ、徳川時代になっても同様の状況が続いていく。藩のなかでは、松前藩や対馬藩が幕府から献上を求められるほどタカを扱う技術が高く評価されていた。これらの技術は朝鮮通信使やアイヌからもたらされたものである。

同時にこのことは、「鎖国」時代に海外の技術をとり込む口実にもなっていた。幕府は鷹狩を武士階級で独占するため専用の鷹場をつくり、将軍や有力大名に使わせた。また鷹狩を見物するための「鳥観《とりみ》」を設け、タカの繁殖をはかるため人々の入山を禁止した巣鷹山《すだかやま》を定めるなどの方策をとった。

これほど武家階級の間で普及した鷹狩だったが、それを中止させた将軍がいた。五代将軍、徳川綱吉である。そのこともまた、「生類憐れみ令」の象徴のごとく言われることが少なくない。中止の表向きの理由は、タカには犬の肉を餌として与えているからというものだったが、実際は鷹狩には高額の費用がかかり、それを削減するため禁止したのである。

それを再開したのは、第八代将軍吉宗（在職一七一六―一七四五年）である。綱吉の施策は、戦国時代のような世の中の荒々しい気風を改め平和を強調することが目的だったが、吉宗は、むしろ武士の気概を取り戻すための訓練や健康法として鷹狩を復活させた。

綱吉が鷹狩を中止したために、一時的に飼育されたタカや鷹匠は存在しなくなったのだが、すでに定められていた巣鷹山は依然保護の観点から残されていたので、綱吉はそこでのタカの生態観察を命じた。これによって当時のタカの生態が記録されているのだが、タカを飼うためには、犬の肉よりスズメやハトの肉のほうが向いているとされるようになった。

吉宗は、従来のように高額の費用がかかる鷹狩を簡素化するべく努めたのだが、それでも幕府の財政はますます苦しくなり、鷹狩はしだいに行われなくなった。江戸時代が終焉し明治に入ると、鷹狩は武士階級の悪い伝統であり、近代化の弊害になるとして糾弾され、いよいよ衰退していった。

ちなみに白幡洋三郎（国際日本文化研究センター名誉教授）は、江戸時代中期、徳川吉宗が経済の引き締め政策に対する庶民の不満の解消のため、鷹狩の狩り場の近隣にサクラを植え、そこに人々が集まって楽しめるようにした。これが、その後、仲間で飲食をともにする日本の「花見」文化を生んだと記している。

さてその後、これを伝統として復活させようとしたのが、日本の野鳥研究家にして、歌人・詩人の中西悟堂（一八九五—一九八四年）であり、一九三六年の「放鷹倶楽部」設立の発起人となった。動物愛護を形式的に考える人には、「日本野鳥の会」の創設者が明治に禁止された狩猟法を復活させたとは、どこか腑に落ちないものを感じるかも知れない。

肉食の素材の確保にとどまらず、儀式や娯楽、スポーツなど、その目的は変わっても、鷹狩には猛禽類の訓練が必要なので、日本では鷹匠という伝統が受け継がれてきた。そして、その維持者が天皇から貴族、武家へと移っていくのにともなって、仏教の殺生禁止の考え方と神道の生贄を尊重する考え方とのせめぎあいの中で、鷹狩を禁止するか、伝統を守るかという葛藤は常に続いてきたのである。

近代に入ってからは、狩猟法の制定によって免許制度になり、いくつかの流派が伝統文化を継承するという目的で、タカの飼育や訓練を続けているが、現在は鷹狩をめぐって二つの流れがある。

一つは、伝統の復活をめざす流れで、伝統的な鷹狩方法を守っているごく少数の鷹匠たちである。この意味で、山形県真室川町在住の鷹匠に師事した松原英俊は「日本最後の鷹匠」と言われている。

もう一つは、鷹狩をスポーツやビジネスとして扱う流れである。日本鷹匠協会が資格制度を設け、「伝統」とは切り離して展開している。ここでは「鷹匠」を免許制にして、他の資格制度と同様に試験で認定している。

この免許によって、町中のドバトやムクドリなどを追い払う手段としてタカが使われるようになり、空港では、ジェット機のエンジンに小鳥が吸い込まれるバードストライクを防ぐためにタカを放している。鷹匠が一つのビジネスとして成立しているのだ。

これまでは鷹匠では食べていけないので、ほとんどは副業としての仕事であったが、最近はムクドリなどの「害鳥被害」が増えているため依頼が多くなり、ビジネスとして展開の可能性も広がっているという。

飼育が原則禁止されている猛禽類を合法的に飼うことができ、しかもそれがビジネスになるのであるから、職業として鷹匠をめざす人たちも増え、資格取得のためのビジネスが盛況になりつつあるのだ。しかし、それが本当に「鷹狩」という文化の継承になるかどうかについては批判的な見方もある。これもまた日本の「伝統」であった文化が、市場主義の世界で変容しているひとつの姿であろう。

7 世界に広がっていた鵜飼

「鳥を使う」文化で忘れてはならないのが鵜飼だ。ところが、鵜飼は日本だけのことで、その日本の中でも岐阜県の長良川だけのことだと、多くの人に思い込まれているというのが現実だろう。しかし実際には、日本では十二カ所で鵜飼が続いており、中国では通常の漁業として生活の一部になっている地域もある。

さらに古代には、鵜飼が世界各地で行われていた。たとえば、リチャード・J・キングの"The Devil's Cormorant : A Natural History"（University of New Hampshire Press, 2013）によれば、ペルーの鵜飼は日本や中国よりも早く、五世紀には始まっていたという。この記述は、リマの天野／プレコロンビアン織物博物館の所蔵品である、チャンカイ谷から出土した土器に描かれた文様を根拠にしている。

図4−3　エジプト壁画に描かれた鵜匠？（ルーブル美術館蔵）

一方、文化人類学者の周達生（国立民族学博物館名誉教授、関西学院大学元教授）は、鵜飼は古代エジプトが発祥の地であるとしている。その根拠として、ルーブル美術館のレリーフに、古代エジプト人がウを抱えている姿が描かれていることをあげている。
しかし実際には、ルーブル美術館ではその数は少ない。古代エジプト研究家の村治笙子によれば、エジプト・アラブ共和国内の博物館には、古代エジプトのレリーフが数多く収蔵されており、それらには鳥も多数描かれているという。そのなかには、神への生贄として鳥が扱われているものが少なくないとのことである。

これらを統合すると、ルーブル美術館のレリーフ説からエジプトを鵜飼の発祥とする説も否定はできないが、古代エジプトでは、ウは別の神性的な意味をもっていたと考えることもできるだろう。

　一方、鵜飼の絵が描かれている天野／プレコロンビアン織物博物館所蔵の土器は、鐙形注口土器という独特の形状から判断して、モチーカ文化のうちで「AD三百年―六百年のもの」と同博物館友の会が自主刊行している図録「彩土器」に記載されている。

　モチーカ文化は（この名称自体に学術的な批判があり）、考古学の専門書で「AD五百年まで」と書かれているものもあれば、「AD六百年ごろまで」と書かれているものもある。いずれにせよペルーの鵜飼は、日本や中国の鵜飼の「歴史記述」よりは早いようである。

　一般向けの図鑑では、カワウ、ウミウはユーラシア大陸に生息するとされていたり、世界に広く分布すると記載されていたり、統一性がない。山岸哲によると南米には七種、そのうちペルー沿岸には三種のウがいるという。それでも、これが鵜飼に使えるウなのかど

図4－4　鵜飼の絵が描かれた鐙形注口土器
（天野／プレコロンビアン織物博物館蔵）

うか（つまり家畜化と非家畜化の間に位置できるのか）は不明である。

可児弘明『鵜飼――よみがえる民俗と伝承』（中公新書、一九九九年）には、ダーウィンの『ビーグル号航海記』にガラパゴス島のウが記載されていることをあげ、ウミウは世界各地の海岸にいる水鳥であるとして、鵜飼の広がりを強調している。

しかし、海鳥研究の第一人者である綿貫豊（北海道大学水産科学研究院教授）は、ウミウの北限は千島、樺太から南限が台湾までで、太平洋側では日本列島沿岸域に限定されているという。過去に鵜飼が世界各地で行われていた可能性は高いが、それは、同じカツオドリ目に含まれる四十種もいるウ科の他の鳥だという。

ウミウの渡りのコースはまだわかっていないことが多く、北海道ではユルリ島・モユルリ島と天売島《てうりとう》などの東西両側の島々で繁殖し、秋になると南に渡っていく。ウミウの越冬地としては山口県の壁島《かべしま》などが有名である。だが『山階鳥研報』をたどると、岩手県でも繁殖していることが報告されている（山本弘『山階鳥類研究所研究報告　第五巻一号』一九六七年）。

いずれにせよ、鵜飼は古代から世界各地の農耕地で行われていたのかもしれないが、ウ科に属する鳥の一定数で鵜飼が可能だとすれば、その生息範囲は世界的にかなり広い分布を示しているため、「鵜飼の起源」を一カ所に求めるのはきわめて難しい。しかし確実なのは、今日では、世界で鵜飼が行われているのは漁業としての中国の鵜飼（卯田宗平（国立民族学博物館准教授）が詳細に調べている）と、日本各地の「観光鵜飼」だけである。

卯田によれば、鵜飼にウミウしか使わない日本とは異なり、中国ではカワウを使っている。とくに広東省の鄱陽湖や洞庭湖などでこの漁法が多く行われているが、そのための専門のカワウ供給業者が存在し、カワウを自宅で飼い交雑させて育てているので、家禽化されているといってもいいほど慣れている。漁民はそこからウを購入して、湖での漁に使う。

これらのカワウには紐をつけていないが、自分で魚をとり、ノドから吐き出す。これは観光目的の鵜飼ではなく、カワウを使った「放ち鵜飼」である。おそらくこれが原初的な鵜飼の形態であるとすれば、日本でも、もとはカワウが使われていたのかも知れない。

卯田は京都の宇治川の鵜飼を指導しており、中国で調査してきた飼育技術を再現して、ウミウの卵からヒナをかえすことに成功した。そして鵜飼の本来の姿だと思われるカワウによる「放ち鵜飼」を再現しようとしている。

実際、おそらく日本でも「放ち鵜飼」による小規模漁業から始まったのではないかと推測される記録がいろいろ残されている。たとえば、ウに紐はつけるが舟に乗せずに水面を泳がせ、何人かの鵜匠が紐で操りながら魚をとる方法が今も行われている。岐阜県の笛吹川ではその様子を撮った写真も残っている。

秋篠宮文仁殿下を代表とする「多摩川流域における魚類民俗学に関する研究」（公益財団法人

とうきゅう環境財団）の調査によれば、多摩川でも鮎漁としての鵜飼が行われていたという当時の鵜匠の証言があり、檜原村の村長もそう語っている。

多摩川の鮎漁はすでに鎌倉時代から行われており、江戸時代には江戸城に鮎を上納していた。明治時代以降は、屋形船による鮎漁見物も盛んになり、この頃から鵜飼が始まり、昭和初期まで続いたと記録に残っている。

多摩川での鵜飼は、ほとんどが昼間、一人の鵜匠が二羽のウミウを使って川の中を歩いて行う「徒歩《かちう》鵜」であった。その他、現在でも山梨県笛吹川で「徒歩鵜」が行われているし、また近年まで山梨県の桂川、和歌山県の有田《ありだ》川でも行われていた。

これらから推測すると、日本の鵜飼は「放ち鵜飼」から始まり、やがて「徒歩鵜」になったと思われる。多くの人が「鵜飼」と聞いてイメージするような船を使った鵜飼の姿は、昔から貴族の鑑賞用に行われていたとは推測できるが、庶民が屋形船に乗って見物するようになったのは意外に新しく、観光目的が主流となってからのことである。

多摩川の「徒歩鵜」も、今日の立川市、日野市の多摩川沿いでは、料亭からその様子を見物するという観光目的で行われていたようだ。とくに、鮎宿の丸芝館は、主人の板谷元右衛門がこの鵜飼見物で儲けて小学校を作ったという史実も残っている。

仮に鵜飼の起源が中国にあるとしても、中国から日本に鵜飼文化が伝搬してくる中で、なぜ朝鮮半島では鵜飼が行われていないのだろうか。そして、その痕跡も残っていないのだろうか。そこには、何らかの説明が必要になる。

その一つの考え方は、日本各地の「観光鵜飼」のパンフレットに書かれているように、日本の鵜飼は中国のそれとは関係なく独自に生まれ、国内の伝播と変容だけで伝統的に続けられてきたというものである。この考え方にたてば、日本と中国では別々に鵜飼が始まり、二つが交わることなく発達、変容してきたと考えるべきであろう。

図4－5　多摩川鵜飼図（田中芳男解説、中山仰山画、宮田六左衛門刻、内務省博物局、1876年）

しかし、もう一つの考え方もある。鵜飼は各地で定住農耕と密接な関係にあり、文化人類学的な調査でもゲノム解析でも、ともに日本のイネ（ジャポニカ）の伝来が中国南部から直接に伝来しているので、鵜飼もまた古代中国から直接伝来したと考えることもできる。また、ベトナムのメコン川に鵜飼があったとする記録が残っているので、中国から東南アジアを経由して日本に渡り、日本において独自の形に様式化されたとも考えることもできる。しかし、これらの説では、台湾や琉球では鵜飼の痕跡が見つかっていないことが、次に謎として浮かび上がってくる。

ところで、ヨーロッパにも鵜飼はあった。ゾイナーの『家畜の歴史』には、十七世紀のイギリスでもウの調教が行われていたことが書かれている。ウエールズ地方のナチュラリスト、トーマス・ペナントが一七六六年に出版した"British Zoology"(vol. 2, 4th edn.)では、チャールズ一世(一六〇〇―一六四九年)がジョン・ウーという鵜匠を抱えていたことや、ドイツの民族学者、エドアード・ハーンがジョン・ウーに仕事をしていた正確な時期を確かめたところ、ジェームズ一世(在位一六〇三―一六二五年)にも仕えていたことがわかったということが記述されている。

図4―6　グールド『鳥類図譜』(山階鳥類研究所蔵)

エドアード・ハーンについては、"Die Haustiere und ihre Beziehungen zur Wirtschaft des Menschen"にも記載がある。フランスのルイ十三世も一六二五年頃に、馴化したウをフォンテンブローで飼っていたと書かれている(ベルトルト・ラウファー『鵜飼――中国と日本』小林清市訳、博品社、一九九六年)。

また、十九世紀にイギリスのグールドが描いた世界最初の鳥類図鑑である『鳥類図譜』には、イギリスや国外の珍しい鳥が描かれていることで知られているが、カワウ、ヒメウは描かれているのにウ科の鳥は描かれていない。分布的にはイギリスの海岸にもウ科の鳥は生息していたはずだが、なぜ描かれていないのだろうか。

8 「長良川」という作られた伝統

では、日本での鵜飼の発生あるいは伝来ののち、日本列島内で鵜飼はどのように発達、変容してきたのであろうか。

すでに述べたように、鵜飼を行っているのは長良川だけと思い込んでいる人は少なくないだろう。岐阜以外の鵜飼地のパンフレットにすら、「鵜飼は長良川に始まった」などと書かれているものさえある。この業界内でさえも、長良川が最も古い歴史をもつと信じこまれているのだ。

たしかに今日、長良川は「御領鵜飼」、すなわち皇室の鵜飼ということになっている。そのため、ここの鵜匠たちは、宮内庁式部職という国家公務員である。

鵜飼は千三百年の伝統をもつと多くの鵜飼地のホームページに書かれている。であれば長良川は、千三百年の歴史をもつ鵜飼ということになる。しかし、これは近代になってつくられた「伝統の発明」である。

長良川の鵜飼が今のような形になったのは織田信長の時代からであり、それが皇室の保護する御領鵜飼になったのは、明治以後のわずか百五十年ほどのことにすぎない。長良川でも、信長以前は、全国の多くの地域の鵜飼と同じように、小規模漁業のひとつとして行われていた。

図4−7　ウを抱いた女性の人骨が発掘された土井ヶ浜遺跡

つまり、長良川に限らず鵜飼の原点は、川の小魚をとるための手段だったのだ。

歴史上、最初に「鵜飼」を様式化したのは、京都の嵐山と宇治である。それを「宮廷鵜飼」と呼ぶのも、後述するように、嵐山に流れる大堰《おおい》川（桂川）周辺での貴族の遊びとして始まったからだ。だが、ここでさえも長良川には一目おいている。

現在、長良川以外では、笛吹川（山梨県笛吹市）、小瀬長良川（岐阜県関市）、木曽川（愛知県犬山市）、大堰川（京都市嵐山）、宇治川（京都府宇治市）、有田川（和歌山県有田市）、馬《ば》洗《せん》川（広島県三次市）、錦川（山口県岩国市）、肱川（愛媛県大洲市）、三隈川（大分県日田市）、筑後川（福岡県朝倉市）の全国十一カ所で「観光鵜飼」が行われているが、長良川に一目置くのは「鵜飼業界」の不文律のように思える。

また、この十二カ所以外に、富山市婦中地区の田島川で売比河《めひかわ》鵜飼祭として、年一回のイベントとして鵜飼が行われている。越中守に任じられた大伴家持が七四八年頃、現在の神通川で鵜飼が行われているのをみて「売比河の早き瀬ごとに篝《かがり》さし八十伴《やそとも》の男《を》は鵜川立ちけり」（『万葉集』第十七巻、四千二十三首）と詠んだことにちなんで、再現されたものだ。

では、日本における鵜飼の本当の発祥の地はどこだろうか。残念ながら明確な答えはない。

縄文時代後期から弥生時代に農耕が始まるとともに、その付随的な形で小規模な漁業として、様式化されていない鵜飼が日本列島の各地で始まったのだ。

たとえば山口県の下関市響灘の海岸近くの砂丘から、三百体を超える弥生人の骨が見つかり、これは中国大陸から稲作技術をもって渡来した人々の墓地として土井ヶ浜遺跡と呼ばれている。一九五三年にここから発掘された女性の人骨にウを抱いているものがあった。この人骨は女性シャーマンではないかと推定されており、したがってウは、この時代に水田稲作を行う集団にとって特別な意味をもっていたのであろう。

この土井ヶ浜遺跡から海岸に出たところからは、先に述べたウミウの越冬する壁島がのぞめる。壁島には毎年冬期に数千羽のウミウが飛来し、その大量の糞（グアノ）で白壁のようにみえるほどである。

弥生時代に続く古墳時代（三世紀中盤から七世紀）には、ウと思われる埴輪が、大阪府の今城塚古墳、群馬県の八幡塚古墳、埼玉県の小沼耕地遺跡など、いくつも見つかっている。そのなかには、首紐が形作られているものもあり、すでに鵜飼が行われていた証拠と言えるだろう。

また日本各地には、「鵜飼」や「鵜川」、「鵜沼」などの地名が散在している（「鵜川」は『万葉集』では「鵜川立て」として「鵜飼」を示した）。これらは、古くから何らかの形で「鵜飼」が行われていたか、少なくともウ（おそらくカワウ）と、その地の人が関係をもった地域だったのだろう。

京都でも、桂川上流の保津峡付近に「鵜飼」、また宇治川流域に「鵜路」という地名が残っていることから、このあたりで、小規模漁業として原初的な鵜飼が行われていた可能性が推測される。

応神《おうじん》天皇の時代（在位四世紀末―五世紀）に、朝鮮の百済から、秦の始皇帝の末裔と称して秦《はた》氏《うじ》が東アジアから渡来し、現在の京都市右京区から西京区にいたる地域を中心に居住しはじめた。彼らは、養蚕や治水、機械、醸酒技術に優れていたとされている。

秦氏は五世紀ごろには嵐山地域まで支配し、その優秀な治水技術によって桂川（もとは葛野《かどの》川《がわ》）に治水を施し、その周囲に農地を開いた。『秦氏本系帳』によれば、この時、彼らは桂川に「葛野大堰」を築いて開拓した。

早稲田大学研究員の小川宏和によれば、鵜飼は「『令集解《りょうのしゅうげ》』職員令大膳職」や『続日本紀』「養老五年七月庚午条、天平十七年九月癸酉条、天平宝字八年十月甲戌条」にも記載があり、奈良時代には各地で鵜飼が行われていたと論じている。

葛野川でも、しだいに保津峡から小規模漁業としての鵜飼が拡張してきていた。平安遷都後には、天皇家とともに、大和（吉野川他）の鵜匠たちも山城に移動してきた。古代国家の官僚組織では、鵜飼は宮内省が管理し、大膳職《だいぜんしき》の雑供戸《ぞうくこ》とされていた（八三四年『令義解《りょうのぎげ》』巻五、職員令）ためである。

平安時代には嵐山の美しい景観に魅せられた貴族たちが、葛野川周辺にさまざまな別荘を建てた。彼らはその鵜匠たちに命じて、別荘からその様子を眺める「宮廷鵜飼」を始めた。たとえば『源氏物語』の「松風」には、光源氏が造営した「別邸桂殿」で鵜飼を催したことが記されている。

この表現から、当時すでに鵜飼はかなり様式化していたと推測される。『業平集』（宮内庁書陵部所蔵）にも「おほゐがは　うかべるふねの　かがりびに　をぐらのやまも　なのみなりけり」とある。

この頃、宮内省では鵜飼は御厨子所《みずしどころ》が携わることとされ、鵜匠たちの地位が向上した。これとともに、宮中でも鵜飼を遊戯や儀式として楽しむだけではなく、宮中への食糧献上の方法としても行うようになっていった。

源高明《たかあきら》（九一四―九八二年）によってまとめられた『西宮記（斎宮記）』には、葛野川と埴川《はに》（高野川）は常民の入漁を禁じ、「官鵜」による鵜飼によって、夏にはアユを、冬にはコイをとって御供したことが記されている。

なお、すでに桂川に専業の鵜飼集団がいたことは、網野善彦（一九二八―二〇〇四年）の論文「中世における鵜飼の存在形態――桂女と鵜飼」（『日本史研究』一九七三年）で述べられている。

桂女の源流は、平安時代後期（十一世紀）から、桂川で収獲したアユを朝廷に献上する供御人としての鵜飼集団の女性たちであったという。この説に従えば、貴族による当初の「宮廷鵜飼」が、宮家にアユを献上する「御料鵜飼」に発展したことを推測させる。

一方、鎌倉時代の後期（十三世紀）に成立したといわれている、公家の日記などを編集した歴史書『百錬抄』には、「宇治川、桂川の鵜みな棄てらる」と記されている。幕府側と仏教が鵜飼は乱獲、殺生の象徴だとして、それを禁ずる政策に急に転換したことがわかる。この背景には、日本への仏教の伝来という大きな変化があった。当時の仏教が、人間が動物を「使う」ことを禁じていたためである。

一三三九年、嵯峨、嵐山周辺も、後醍醐天皇の菩提を弔うために足利尊氏によって建立された臨済宗の総本山、天龍寺の支配地域となった。天龍寺は禅宗の教えをふまえ、人間の楽しみのために鳥を使う「鵜飼」を「鷹狩」とともに禁じた（『天龍寺年中記録』一八〇一年）。

ここには朝廷に替わって権力を握った武士層が、貴族の優雅な遊びを抑制しようとする意図も見え、またその権力闘争に仏教寺院も関わったり、都の貴族、武士、僧侶のパワーゲームの対象として、鳥も含む動物に関わる特殊技能をもった人々への差別観、言いかえればその技能への恐れを下地にして「鵜飼の禁止」という制度が生まれたとも言えよう。

この流れは京都から全国に広がり、仏教のほとんどの宗派によって鵜飼が禁じられた。ただ、世阿弥によって改作された能の『鵜飼』で演じられているように、「土地の漁翁、勘助が鵜飼を行ったために僧によって殺され、怨霊となった勘助を日蓮聖人が経石で成仏させた」という記述もある（『甲斐国史』）。

この結果、法華宗（日蓮宗）の開祖である日蓮が拠点とした甲斐国の「石和《いさわ》川」（現在の笛吹川）だけは、最後まで漁業としての鵜飼が残り、その後、場所は移動したが、現在も「徒歩鵜」として継承されている。

長良川は日蓮の布教の範囲として、漁業としての鵜飼が小規模ながら続けられてきたのであろう。これに対して、とりわけ京都は仏教の影響が強く、嵐山、宇治の鵜飼にもそれが強く及んで、大堰川、宇治川の鵜飼は停滞していく。

戦国時代に入り、岐阜を配下においた織田信長は、同地に「楽市・楽座」の市場経済を導入するとともに、鷹狩を武士の勇敢さの象徴として好み、長良川の鵜飼を奨励した。そして武田信玄を鵜飼に招待して懐柔しただけでなく、他の武将をもてなすため、武家文化としての長良川の鵜飼の様式化を図った。

関ヶ原の戦いに勝利して江戸幕府を開いた徳川家康も鷹狩、鵜飼を好み、それらを武家の行事として奨励した。さらに、「生類憐みの令」を発布したと教科書に記述されている五代将軍綱吉の時代でさえも、尾張徳川家だけは武家鵜飼の伝統を守り、長良川の鵜飼は、中世から近世、近代まで紆余曲折しながらも続いていくことになる。

9 漁業から観光へ

以上のように日本各地で稲作が始まるとともに、農民の付随的な生業手段の一つとして、ウを使った漁業が各地で行われ、それが近世まで小規模ながらも続いてきた。

ところが今日、「鵜飼」といえば「長良川」とされ、明治以降、同地で「御領鵜飼」が行われていることもあり、日本の鵜飼、とりわけ「宮廷鵜飼」も長良川を起源とするという誤解が国際的にも蔓延している。

だが、長良川で行われてきたのは信長が始めて尾張徳川家が保護し、毎年アユを江戸幕府に献上するために行ってきた「武家鵜飼」であった。ではなぜ、そのような認識が生まれ、今なお定着しているのだろうか。

それは、明治政府の近代化政策によるものだ。維新後の日本では、歌舞伎、浮世絵、能など日本の伝統芸能や文化は、西洋の近代文化より劣っているとみなされ、すべて否定されるようになった。その一環として、鵜飼もまた日本古来の伝統のひとつで、前近代的なものとして抑圧されたのである。

同時に、政府は日本の近代化のためには各地の殖産興業が不可欠だとして、養蚕、製糸、造船など江戸時代から各地で行われてきた技術を近代化して利用するという国策も推進してきた。
そのような状況のもと、廃藩置県によって岐阜県を任された当時の県知事・小崎《こさき》利準《としなり》（一八三八―一九二三年）は大変先見の明に優れた人物であったので、近世を通じて全国で唯一公認のかたちで行われてきた長良川の鵜飼を、地域振興の核として活用しようと考えた。そこで宮内省に、長良川鵜飼の公認化を何度も陳情している。

一方で、当時は日本の各地で、カワウを使った鵜飼が細々と行われていた。これで成功した例として、川辺の木に巣をつくるカワウの糞を集め、それを堆肥として販売した利益で、新たに小学校を建設した知多半島の鵜の山もあった。しかし、カワウは繁殖力も強く、河川の淡水魚を大量に捕食してしまう。

やがて河川漁業が盛んになると、水面漁業組合にとっては、カワウは害鳥となった。また木の上に巣をつくるカワウの糞が地面に落ち、リン酸過多になり、森林を破壊する事態が各地で生じた。このため、カワウは害鳥として全国で問題視されるようになり、捕獲によって激減していく。

これに対して海岸付近では、ウのもう一つの種であるウミウが生息していた。カワウとは異なり渡り鳥で、毎年五月くらいに北海道の知床半島付近でコロニーをつくり、そこで新しい世代を産んで、十一月ごろになると日本列島を南下して九州方面に渡っていく。その途中、岩手県の南部から関東の房総半島にかけての海岸や、近畿地方の津付近の海岸で休息する。

すでに述べたように、知床半島の周辺、とくにユルリ島とモユルリ島がウミウの繁殖地として有名である。とくに「ユルリ」はアイヌ語で「ウがすむところ」という意味であり、一八四九年にこの島に渡った探検家・松浦武四郎（一八一八―一八八八年）が、アイヌがこの島で漁労をしていたことを確認して記録している。また北海道の日本海側にある天売島にも、ウミウの大きなコロニーがある。

一方、越冬地は山口県下関市の壁島や沖縄諸島にまで広がっている。しかし実際には、東北地方を含む日本列島の多数の島や海岸の岸壁でもウミウの繁殖が観察されている。このため周辺では、ウミウを使った河川漁業としての鵜飼が行われていたことも知られている。

やがて交通機関の発達にともない、茨城県海岸付近の断崖で捕獲したウミウを移送して、内陸部の川でも使うことが行われるようになった。つまり、もともとはカワウを使って行われていた鵜飼が、この段階でウミウを使って行われるようになったのであろう。

こうした状況を背景にして、宮内省は長良川の鵜飼を「御領鵜飼」と認定し、伝統技能を備えた鵜匠を宮内省職員として認定した。

そして、茨城県十王町（現在は日立市十王町）の岸壁でウミウを捕獲する技術を持った人々を、伝統技能保持者として公認した。これが、結果的に国が公認する鵜飼となり、長良川には著名な映画人チャップリンやエリザベス女王など各国の要人が招待されるなど、国際的にも日本の鵜飼として定着した。

江戸や上方では、お伊勢参りなどとともに、都市近郊への庶民の観光旅行が盛んになり、周辺都市ではさまざまな集客の工夫がなされた。この過程で、大堰川を中心とする嵐山地域ではかつての「宮廷鵜飼」を再興しようとする流れが生まれ、庶民も楽しめる「観光鵜飼」が始まったのである。

明治以降、大正、昭和と、交通網の発達とともに観光地化がますます進み、岩国の錦帯橋、愛知県の木曽川、広島県の三次、福岡県の筑後川など、各地でさまざまなかたちで「観光鵜飼」が展開されるようになった。

なお山階鳥類研究所の書庫に収蔵されている、一九三九年に刊行された堀内讃位『写真記録日本鳥類狩猟法』（三省堂）には、「鵜飼と共にある海鵜猟」という章がある。堀内によると、その十年ほど前までは「日本の鳥類学者もウミウとカワウを混同していた」が、それを「長い習性研究の上から」改めたのは、黒田長札《ながみち》（山階鳥研二代目所長、黒田長久の父）であったと記している。

堀内も、なぜ鵜飼現場の近くで簡単に捕れるカワウを使わず、わざわざ捕まえにくいウミウを使うのかを疑問とし、これを研究する必要を説いている。しかも、「茨城県の海岸で生命がけの鵜猟が伝わっている」歴史についてはまだ資料もほとんどないとして、この本でも大久保好六という人の調査写真が掲載されている。

この捕獲方法は、現在、日立市の鵜の岬で行われているウミウの方法と非常によく似ているが、今日猟場にしている場所とは違う岸壁で、しかも今は十一月と三月が猟期のピークであるにもかかわらず、この書では一月がピークであるとされている。

このことから、当時は近隣の農家の農閑期の副業として捕獲が行われていたことがうかがえる。その記録によれば、捕りたてのウが十二円、訓養したウは十五円とされている。ちなみに今日の価格に換算すれば、捕りたてのウは一羽一万四千円以上となる。昭和初期当時、米が一〇キロ＝三・三円であったことを考えると、捕獲作業が危険であるというリスクを考慮しても、稲作のできない時期の農家の副業としては十分成立しただろう。

そして、関東の海岸沿いのかなり広い地域で捕獲可能であるにもかかわらず、場所を限定することで彼らに独占的な保証を与え、持続的な鵜飼へのウミウの供給を可能にしたのである。現在は、先に述べたように、茨城県日立市十王町の伊師浜海岸、通称鵜の岬の岸壁で十一月に北海道から太平洋上を渡ってくるウミウ、さらに三月に九州、沖縄から戻ってくるウミウを捕獲して全国の鵜飼地に分配している。

ここでは、囮《おとり》のウミウを岸壁に並べて呼び寄せ、近寄ってくるウを岸壁の上から発見すると、捕獲技能をもった人（現在三名）が鳥屋《とや》にそっと入り、竹の棒の先につけたカギ状の金具でウミウに引っ掛け、鳥屋に引きずり込んで捕獲する。

これには特別な技と忍耐を必要とする。またその年の渡りの状況、時刻などを経験的に把握していることが不可欠である。捕獲されたウミウは、しばらく単独の小屋に入れられ、人に慣れるのを待つ。その後は、一カ月ほどの間、国民宿舎鵜の岬内の展示施設の群れの中に入れて、さらに慣れるようにする。それを全国十二カ所の鵜飼地からの要望に沿って分類し配布する。

分配を受けた各鵜飼地は、そのウミウをそれぞれの鳥屋に入れて、二羽ずつのペアを形成する。鵜匠はこのウのペアを、約一年かけて徐々に川の中でアユが捕れるように訓練し、鵜飼にデビューさせる。

図4－8　鵜の岬の鳥屋。ウミウの捕獲のために技能者が待機している。

ウは日本列島沿いに太平洋を渡っていくため、渡りの途中のどこで捕まえてもよさそうなものだが、日立市の鵜の岬で捕獲するものだけを全国に配布することが伝統となっている。

また夏の間に北海道で営巣してヒナをかえして飛び立ち、十一月ころに捕獲されたウミウのほうが、三月に繁殖地に向かう途中で捕獲されたウよりずっと元気だということが知られており、分配される鵜飼地では、十一月のウミウを回してもらうよう要望している。

いずれにしても、こうして日立市が全国の鵜飼地へのウの配給を独占したかたちになり、現在に至っている。さらに、鵜飼にはウミウをつかうという伝統をつくり上げたことで、両者の利害が一致することとなった。このため、何度も断絶の危機に直面しながら、鵜飼が観光資源として成立しているとも言える。

こうした鵜飼が、京都の嵐山（桂川）の民間業者によるものの他は、ほとんどその地域の行政が支えて成立しているのは、それが地域の観光の中心となっているからである。中には過去に鵜飼が行われてきた場所から、わざわざ温泉地の中に移動させて行っているところもある。

それらの鵜飼地では鵜飼と組み合わせたさまざまなイベントを行い、ウのキャラクターグッズ、菓子などを作って販売している。大分県の（筑後川上流の）三隈川の日田温泉では、鵜飼を夏の観光客の呼び物として、「コツコツ節」という民謡が古くからその地の芸者に歌われてきた。「コツコツ」というのは鵜匠が鵜船の側面を棒で叩き、アユを驚かせて動かすとともに、ウを元気づけるための所作である。

ウは鵜飼シーズンだけではなく、冬の間も小魚を食べて生きている。現在は大半の地域で公共団体が運営しているため、大きな冷凍庫にその地でウが食べる魚を冷凍して、それを餌にしているが、昔は冬期に、鵜飼の民はウとともに魚を求めて移動していた。すなわち漂流の民であった。

近世においては、仏教の布教とともに殺生禁止という考え方が広まり、当時は生き物の殺生がタブーとされがちだった。そのため当時は、動物を飼う人々は差別されていた。鵜飼の民も同様で、彼らはアユのような遡河魚《そかぎょ》を追いかけて生活するスタイルをとり、カワウを連れてアユを追う「餌飼《えがい》」という方法を使いながら、一年中河川を巡る旅をしていたのである（山本宗史「「サンカ」概論」、赤坂憲雄ほか編『さまざまな生業』所収、岩波書店、二〇〇二年）。

つまり鵜飼を生業とする人々は、かつては差別される側の人間であったが、それゆえに宮家や武家に保護されることによって「鵜匠」という肩書を獲得し、その地位を確立させていく。すなわち鵜飼の歴史には、「伝統文化」とされるオモテの歴史と同時に、差別とそれに抗する地位確立というウラの歴史があったと言えよう。

こうした背景から、各地でアユの解禁後にはじまる「鵜飼開き」では、その年の安全、豊漁を祈る神事がとりおこなわれる。二〇一八年の京都の嵐山鵜飼においては、川開き神事として、斎主である野宮神社の宮司が嵐山の川の神様（大井大神）、山の神様（金剛蔵王権現）に、以下のような祝詞《のりと》を唱えた。

「緑滴る嵐の峰に風さやけく　葛野大堰の清く流る畔に　今日の川開きの斎庭を設けて　招

きまつり座せまつる　かけまくも畏き大井大神金剛蔵王権現の大前に　野宮神社大井神社宮司　懸野《かけの》直樹　畏み畏み申さく大神たちの　高き尊き大神威を蒙り奉る　嵐山保勝会会長石川暢之介　嵐山通船株式会社代表取締役社長湯川直樹　年ごとの例のまにまに　古き史《ふみ》に葛野の鮎を天皇《すめらみこと》の大朝廷《おおみかど》に貢進すとある事の如く石上《いそのかみ》古き手振りのままに鵜飼の業《わざ》仕えまつらむと　大前に種々の甘物《ためつもの》を奉献り　京都市長門川大作をはじめ主立つ諸人ら拝みまつる状を　平けく安らけく聞し召し給いて　悪しき風荒き水に遭わせ給わず　鵜匠の技船頭の技の本末誤つ事なく　王朝の雅さながらに美しく麗しく仕えまつらしめ給へ　幸く真幸く守り恵み給へと　畏み畏み申す」

いずれにしても、「伝統」は二つの側面をもっている。鵜飼が長く続いているのは、そこに関わる人々が鵜飼の伝統に誇りをもっているからだ。しかしこの「伝統」は、今日では「観光」という形で再編集されているがゆえに続いてはいるが、日常的にはここに関わっている人々以外からは忘れられている。

近年の気象異変によって豪雨や台風が多くなり、とくに鵜飼地の多い西日本の河川が増水し、洪水、山崩れなどの被害が生じている。これによって川底の状態が変わり、安全のために鵜飼はしばしば長期間、中止せざるを得なくなっている。

もともと鵜飼はアユの解禁時期だけに行うことのできる季節限定ビジネスであるが、そこに中止期間が入ると、実際に行われる期間はさらに縮小してしまう。それでも、鵜飼実施以外の期間も、ウを生かすために餌をやって世話をしなければならない。このコストとリスクは大きい。

鵜飼に限らないが、鳥を使う職業は、農耕のような定常的な収入を確保できるわけではなく、今でも運不運によって収入が大きく左右される。過去においても、鳥を扱うすべての生業が同様のリスクとチャンスを含んだものだったのだろうか。

そして、より大きな問題は、こうした「伝統」が継承されなくなっていることだ。実際、若い世代に鵜匠や船頭のなり手が少ない。また、木製の鵜舟や屋形船を作れる職人や作業場も限られている。さらにウミウの捕獲頭数が限られているのに、病気によって死亡数が増えて補充できなくなっている。

この対処としては、ウミウの捕獲や配布を日立市鵜の岬だけに頼らず、他の流域で捕獲したり、中国のようにカワウを使うなどの対策で解決できるとする考え方もあり得る。また、鵜匠も日本人男性という過去の制約に縛られず、女性や外国人などに広げていく鵜飼地も出てきた。さらに、現在は竹の竿一本で操る鵜舟もエンジン付きのボートを使い、映像投影でより迫力があるように見せようとする、エンターテイメント性を強化した企画もある。

これらの対策は各地で試みられようとしているが、それを行うためには、この業界全体の許可を取るというのが不文律になっている。それが鵜飼に限らず、伝統に関わるほとんどの業界の掟だ。「封建的」とも言えるが、それだからこそ「伝統」が守られ、鵜飼という様式が継承されてきた面もある。

鵜飼もまた、「伝統」があるから続いているが、同時に「伝統」に縛られているから現実には合わなくなり、しだいに継続が難しくなってきているとも言えよう。

では日本を訪れた外国人に、「伝統」のある鵜飼はどう見えているのだろうか。鳥の首に紐をつけ、水中を泳がせて捕った魚を吐き出させ、その一連の見世物を観賞させるだけでなく、多くの鵜飼地では、そのアユを焼いて観光客に食べさせている。

動物愛護を唱える人々のなかには、不愉快に思う人も少なくないだろう。イルカのショーなどに反感をもつ外国人が少なくないように、鵜飼もいずれ国際的な批判を浴びる可能性がある。しかし実際は、たとえば長良川の鵜匠の家では、代々ウミウを飼育し、昼間は縛っていなくても逃げない。ウが漁を楽しんでいるという見方もある。

宇治川の鵜飼では人工孵化したウミウ、カワウを増やして訓練し、首紐をつけずに使うことによって現代化を図ろうとしている。あらためて鵜飼の歴史を振り返ると、中国では飼育したカワウを紐なしで使う方法が続いているが、そのほうがもともとの鵜飼の初源的な姿に近いともいえるのだ。

日本の鵜飼は、殺生を禁じる仏教とアニミズム的な神道との相克を背景にしての、田の農民と川の漂流民との間の技能格差と、それをめぐる差別観による対立と共存が続いてきたのではないだろうか。同じことは鷹狩に関しても言えるだろう。

こうした鳥を使って生業や遊びをおこなうことに対する日本人の心情は、「おもしろうてやがて悲しき鵜舟哉」という、芭蕉のよく知られた一句に集約して表象されている。

これは、松尾芭蕉が一六八八年、徳川綱吉の世に謳った句で、『真蹟懐紙』には「ぎふの庄ながら川のうがひとて、よにことごとしう云ひのゝしる。まことや其興の人のかたり伝ふるにたがはず、浅智短才の筆にもことばにも尽くすべきにあらず。心しれらん人に見せばやなど云ひて、やみぢにかへる、此の身の名ごりおしさをいかにせむ。」と記されている。

第五章

現代における鳥と人間の風景

1 鳥に関わる人類の分類学

ここではこれまでの章とは視点を逆転させて、鳥に関わる人びとについて考えてみよう。すでに述べたように、鳥類は他の動物に比べて種類も個体数も多いのが特徴だが、これに対して、人間の鳥類学者（ornithologist オーニソロジスト）はかなり少数だ。

そもそも「鳥類学」をあらわす英語「オーニソロジー（ornithology）」という言葉に、bird という語が入っていないことも、奇異な感じがするかもしれない。これは、その語源が古典ギリシャ語に由来したまま残っているためだ。

また「鳥類学者」は、一般に思われているように、あらゆる鳥類を対象にしているわけではない。たとえばニワトリを研究している鳥類学者はいない。それは「家禽学」という別の学問分野である。また、飼い鳥を対象とする研究者もほとんどいない。というより、鳥類学者のほとんどが「鳥を飼う」ということに否定的だ。

いずれにせよ、鳥の数の多さに比べて、鳥類学者はほとんど稀少種と言ってよいだろう。ひょっとすると、このままでは絶滅危惧種になるのかもしれない。とくに日本では、大学に「鳥類学部」はなく、研究者が研究の命綱にしている文部科学省の科学研究費補助金の小項目にさえ（養蚕学や霊長類学はあっても）「鳥類学」という項目はない。基礎的な分野に研究費を回さなくなっている日本の学術の淋しい現状のひとつである。

このために、鳥だけを専門とする研究者の就職先はほとんどなく、あったとしても理学部の動物分類学教室や農学部の森林学教室か、環境学部の野生生物関係の教員として在職している人が、たまたまその時には鳥類学者だったという程度での存在だから、安定した職業にはなりにくい。

これは、喜んでいる事態では決してない。日本鳥学会の「この大学に行けば鳥類学を学べる」というページには、北海道大学のいくつかの教室を始め、日本のほぼすべての関連研究室が並んでいるが、数えると二十を超える程度でしかない。しかもそのなかに、鳥類学者でもないぼくの研究室も入れていただいているくらいだ。

その一方で、鳥に関する研究がなされていないかと言えば、そんなことはない。日本で最も知られている鳥に関する研究機関と言えば、まず挙がるのは（ぼくが鳥類学者でないので恥ずかしげもなく言えるのだが）「公益財団法人　山階鳥類研究所」だろう。だが、「公益財団法人　日本野鳥の会」のなかにも保全のための研究組織があるし、「バードライフ・インターナショナル」などのNGO、さらに国立研究機関の「森林総合研究所」や「綜合地球環境学研究所」などでも鳥類の研究をしている。しかし、これらは飼鳥や家禽ではなく、野鳥（とくにその保全）を主要な研究対象とするものだ。

その他「公益財団法人　日本鳥類保護連盟」は、その名の通り「愛鳥週間」を主宰するだけでなく鳥類、とくに猛禽類の保護に関する研究を行っている。「認定NPO法人バードリサーチ」はこれらの団体と連携協力しながら、アマチュアとともに研究保護活動を行っている。

さらに公開施設でも、「国立科学博物館」をはじめ、「兵庫県立コウノトリの郷」のなかの県立大学豊岡ジオ・コウノトリキャンパス、「大阪市立自然史博物館」、「我孫子市鳥の博物館」、「兵庫県立人と自然の博物館」などでも鳥類の研究が行われている。また、カラスの行動や生態を研究するNPOもある。

ところで「鳥類学」という分野には入らないが、こうした野鳥よりむしろ人間に身近なニワトリの研究のほうが積極的に行われている。それは、昆虫学の中でもチョウやカブトムシの研究より、ミツバチやカイコなど経済的有用性の高い昆虫に関する生物学をはじめ、世界的にも害虫学（ウンカやシロアリなどの研究）など社会的有用性の高い研究が大部分を占めている状況と同じである。

ニワトリに関する分野については、先に述べたように「家禽学」として複数の学会や研究団体があり、畜産学、獣医学分野の学部・学科のある大学だけでなく、鶏肉や鶏卵を扱う家禽業界の団体や企業の研究所でもニワトリの研究が行われている。

また、オナガドリの尾の長さを競ったり、ニワトリの鳴き声の美しさを競ったりするマニアのグループもある。もともとの地域在来のニワトリの品種を守ろうとする団体も各地にあり、比内鶏やシャモのように、天然記念物に指定されている地鶏を育てて商品化する動きもある。「天然記念物を食べる」というと奇妙に感じる方も少なくないと思うが、これらのニワトリは「食べる」という文化も含めて「天然記念物」として、その純原品種が保護されているのである。実際「家畜」である以上、人間に食べられなければ絶滅してしまうという逆説のもとにある。「食べられない」、「売れない」鳥を飼育してくれる人はいないからだ。

こうした家禽を除けば、鳥の研究者の多くは、基本的にバードウォッチング、つまりフィールドでの野鳥の行動、生態観察や標識調査を主要な研究方法にしている。アマチュアでは、中西悟堂が「日本野鳥の会」を一九三四年三月に創設し、同年六月に初めての野鳥観察会が富士山麓で開催された。当初は華族や文化人が中心だったが、その後、会員数が増え、一般にも普及するようになった。

図5−1　バードウォッチング

さて、今日「バードウォッチャー」と言われて思い浮かべるのは、一眼レフカメラに望遠レンズ、高機能な双眼鏡を持って、集団で野山を散策している人々の姿だろう。典型的なファッションは、アースカラーのベストに長靴だ。また女性のウォッチャーも多くなり、沼に入る事態に備えてファッショナブルな長靴の着用もめだつ。ただし「バードウォッチャー」という呼ばれ方は、本人たちにとってあまりうれしくないようである。

彼らは、仲間内では自分たちの行為を「鳥観《とりみ》」と呼び、公式には「探鳥《たんちょう》」と称している。そのあたりにいる鳥をただ眺めているのではなく、森や湖沼などに入っていって珍しい鳥を探し、珍しい行動をする瞬間の写真をとるところにある。そういう行為に非常に真面目に取り組み、「決して鳥に害を及ぼさない」など、仲間内での厳格なルールをもっている。

スマートフォンで撮影するほうが普通の時代に、本格的な一眼レフカメラを持っているのは、バードウォッチャー、鉄道マニア、天文マニアくらいだろう。カメラ・メーカーもこうしたマニアックな層のニーズに応えるため、写真専門誌とともに、鉄道、天文などと同様に、バードウォッチングのマニア向け雑誌に積極的に広告を掲載している。

これまでバードウォッチャーの大半は、「日本野鳥の会」や各地の支部に属していたが、今はスマホで手軽に撮影し、フェイスブックなどに簡単にアップできるため、組織化されなくなっている。野鳥を写してインスタグラムなどに掲載したとしても、自分を野鳥マニアとは思っていない層も増えている。このことは、逆に従来の「真正バードウォッチャー」は減少しているということを意味しているのだろう。

いずれにしても、ぼくはバードウォッチングは「昭和演歌」的な趣味であると思っている。というのも、実際にこの趣味を楽しむ人には高齢者が多いからだ。会社を定年退職した人が退職後の趣味として、バードウォッチングでも始めようかといったケースが多い。山歩きや自然散策などをともなうので、老化防止や健康にも良いと思えるからだろう。

また、これらの人々は財力に余裕のある場合が多いので、関連する業界も彼らを歓迎する傾向が強い。これも悪いことではないが、それが結果的にこの趣味を「高くつく」ものにし、若者の鳥への関心を相対的に低下させていることになっていないかと、ぼくは危惧している。

バブル全盛期の一時期、バードウォッチングが流行した頃には、人工的に鳥を見るところ、たとえば野鳥の森、野鳥観察舎のような場所がいくつもつくられた。そういう場所をつくって、そこに鳥を見たい人を集めれば地域活性化につながるという発想だったのか、都心の再開発地区にもつくられてきた。

だが「真性バードウォッチャー」たちは、そのような人工的な自然を嫌う傾向がある。何が人工的で、何が自然のままかが不明瞭な今の世には、それが一種のノスタルジーのように思えるのだが。

「鳥に関わる人びと」は、以上のようにいくつかのパターンに分かれる。だが、ここまでの立場の人たちからは忘れられている散弾銃やライフルで鳥を撃つハンターも、鳥と人間の関係を調べるぼくの立場からは重要な存在だ。

さらに、国際的に定められたカラーリングを鳥の足につける鳥類標識調査員（バンダー）も全国に多数いる。このバンダーは鳥を安全に捕獲して放鳥する技術をもっていなければならないため、アマチュアといっても、山階鳥類研究所の資格認定を得る必要がある。彼らのおかげで、渡り鳥などがどのような範囲で飛行しているのかを記録することができている。

また、鳥の剝製を作る剝製師もいる。剝製といえば多くの人は、鳥が飛んでいるように羽を広げた姿のまま、装飾台の上に据え付けられている様を思い浮かべるだろう。これは「本剝製」といい、あくまでも展示用である。学術研究上の剝製は、脚肢をたたみ羽をはがして防腐処理を施した、こぢんまりとした姿が一般的である。これを「仮剝製」といい、こちらのほうが圧倒的に多い。

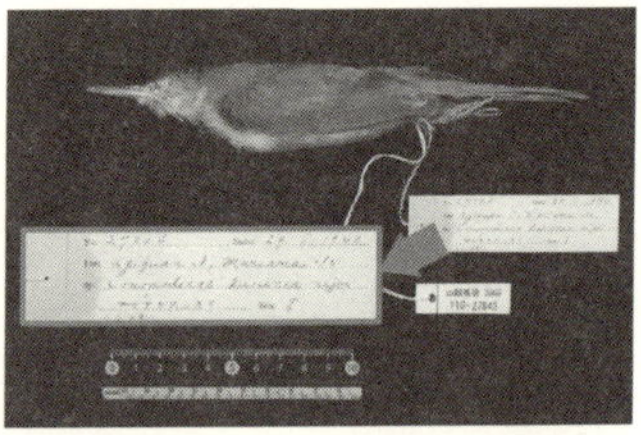
図5−2　作られた仮剝製（山階鳥類研究所蔵）

それ以外にも、現在増えているのが、鳥のカービングやデコイ、ぬいぐるみづくりを趣味にしている人、鳥のアクセサリーやフィギュアを集めるのが好きな人たちである。

そしてもうひとつ、忘れてはならないのが、鳥を食べるのが好きな人たち、ぼくのような焼き鳥オヤジである。

さらに、あまり表面には出てこないが、鳥を飼っている人々もいる。日本におけるペット総数の減少の中で（犬がバブル期の千五百万頭から一千万頭を割り、猫もブームと言われているが、実際は一千万頭程度で推移している）、唯一鳥だけは、猛禽類や小鳥などを飼う人が（もともと絶対数は少ないものの）少しずつ増えている。

だから、ひそかに集まってメジロなどの鳴き声を競いあうイベントに参加したマニアが、愛鳥週間に逮捕されたというニュースが報道されると、鳥に詳しくない人からは、それが犯罪なのかと意外に思われるかもしれない。

昭和中期までの日本では「飼い鳥」が暮らしの中に定着していた。ぼくが子どもの頃までは、街にはたいてい「小鳥屋さん」と呼ばれる鳥の専門店があり、自宅でジュウシマツやカナリアなどを飼うことは当たり前の風景だった。オウムを飼って言葉を覚えさせている家庭も珍しくなかった。小学校でも教室で小鳥を飼育して、粟などをエサとして与えていた。お祭りや夜店では、小鳥がおみくじを運んでくる屋台が出ていた。

しかし今日では、国際的に生物多様性の声が高まり、日本国内においても野鳥の捕獲や狩猟は、原則として法律で禁止されている。「鳥獣保護法」や「動物愛護管理法」さらに「ワシントン条約」などによる規制によって、野鳥の飼育は原則的にできないことになっているのだ。つまり、今は鳥を飼うこと自体が犯罪なのである。

ぼく個人は、飼鳥についてこれほど厳しい規制でよいのか疑問をもっている。このことによって、今は鳥とふれたこともない子供たちが大部分になっている。それを長い目で見れば、鳥と人間のよい関係をつくっていくことに、負の効果をもたらしているように思えてならない。どの鳥は飼えるのか、どのように飼えばよいのか、もう一度考え直す必要があるのではないかと、バードウォッチャー、鳥類学者からの批判は覚悟して、あえて発言しておきたい。

こうして、以前はどこの街にもあった小鳥屋の多くは、犬、猫などのペットショップに業態を変更している。ただし、ブンチョウ、セキセイインコ、カナリアなど海外から輸入されたものについては国内法による規制の例外となっていて、今でも飼い主も少なくなく、コンパニオンバードの各種の飼鳥団体が存在し、品評会、飼い方の勉強会も開催されている。また鳥専門のペット病院もあるし、鳥カフェも人気がある。

こうした鳥好きの人たちが、マンガやアニメの世界でのコミケ、模型マニアで言えばワンフェス、歌舞伎好きで言えば南座の顔見世のように、年一回、全国から集合してくるのが、毎年十一月に千葉県我孫子市の手賀沼周辺で開催されるジャパン・バード・フェスティバル（JBF）である。また五月のバードウィーク（愛鳥週間）にも、各地で鳥に関するイベントが開催されることが多い。

だがそれらのバード・フェスティバルでは、実はナマの鳥の姿はほとんど見えない。そこでは手賀沼の鳥の生息地に向かって、本部会場からバードウォッチング船の連続運航が行われているが、それに乗れる人数は限られているため、残念ながらこの催しで身近に鳥を見られる人はほとんどいないのが実情である。

それでも鳥を見ようとする人には、手賀沼の湖畔に各カメラ会社や望遠鏡メーカーがテントブースを出していて、沼に向けて高倍率の望遠鏡が設置されており、沼の鳥を眺めるのが恒例となっている。

それ以外には、山階鳥類研究所で鳥に関するミニ・レクチャーが連続的に行われている。また、「水の館」周辺に鳥のグッズや写真、バードカービングのブースが各地の野鳥の会やマニアによってズラリと並べられているので、人々は自分が気に入ったものを購入して楽しむことができる。

これは、世界の各地から野鳥マニアのグループが参加する国際的なイベントになっていて、各ブースを出展している人と、また仲間同士でのマニアックな会話の場にもなっているのだから、鳥に関心のない人にとっては、コミケ、ワンフェス同様に特別なイベントに映っているかもしれない。

もっとも世の中には、野鳥マニアでなくても、あるいは高級な望遠鏡で観察しなくても、自分の庭に鳥のエサ台を作り、自然に集まってくる都会の鳥たちを庭先から見て楽しんでいる静かな鳥好きも、高齢化社会の進展とともに増えてきていることだろう。これにはまたマジメな鳥類学者からは、鳥の餌付けとして野生を犯すことになると批判の声が聞こえてきそうだが、ぼくはそれに詩情を感じ、俳句をひねっている人のほうが、日本の「花鳥風月」の文化的伝統を自然に受け継いでいるように思える。

ここまで述べてきたことからも明らかなように、鳥に関わる人々といっても、その立場によって、観点や考え方には大きな相違がある。外部からみると同じ「鳥好き」「鳥オタク」のように思えても、お互いの意見がかみ合わない場合もあり、ときには深刻な対立をもたらしていることもある。

2 鳥を食べる人たちの自家撞着

以上から今日の、「鳥好き」は以下のようにまとめることができる。

・鳥を観る人（バードウォッチャー、野鳥の会、探鳥会、撮影会など）
・鳥を飼う人（コンパニオン・バード、フクロウカフェなど）
・鳥を撃つ人（ハンター、猟友会など）
・鳥を食べる人（焼き鳥や地鶏駅弁愛好者など）

そして、このなかで、おそらく当事者は自分が「鳥好き」に分類されていることを意識もしていないだろうが、「鳥を食べる人」が圧倒的に多い。今は野鳥の捕獲が禁止されているので、食べる鳥は鳥の家畜、つまり家禽である。動物学では、「家畜」の定義は、雌雄による生殖を人間がコントロールする動物のこととされており、そのなかの鳥を「家禽」と呼ぶ。

しかし、すでに第一章の家禽化のナゾの部分で述べたように、必ずしもそれは「完全」なものではなく、その文化や、技術の度合によって、野生と家畜の中間的な「あいまいな存在」を含んでいる。

また、われわれはすぐに家禽＝ニワトリと考えるが、カモやアヒルも前記の定義からは家禽であり、さらにかつては伝書鳩と呼んでいたレース鳩なども、人間に飼われて繁殖させられているので家禽と言えよう。

しかしなんといっても、そのなかで、圧倒的な数を占めているのはニワトリである。これは「家禽」のなかの比率ではなく、鳥類全体の中でも現在、生息している個体数においてニワトリがきわめて多いということでもある。

一方で、鳥を絶対に食べたくないという人もいる。ケンタッキー・フライドチキンでさえ食べたことがないという人もいる。その人たちはおそらく、鳥肉のある部分を見ただけで、ニワトリが地面を歩いている姿を想起するからだろう。

実際には、自由に地面を歩いているニワトリはほとんどいない。つまり、世界の鳥の大部分はブロイラーと白色レグホンであるといっても過言ではない。それは、わたしたちの食生活を支えている多くのニワトリが人工的な環境で飼育、生産されているということを意味している。

最近では、そのアンチテーゼとして「地鶏」という言葉のイメージが高まっている。実際、高級な鳥料理専門店やデパートの地下では、「地鶏」やその卵が、ブランド食材として売られている。

また、大量生産されているわけではないが、今では東京駅内の駅弁コーナーでさえ、全国各地の「地鶏」を使った鶏弁当を容易に食べることができる。あまり知られていないが、こうした「地鶏」は、実はニワトリの原種ではなく、近年、日本の各地で外国の品種と掛け合わせて、新たに作られた「品種」なのだ。

さらによく考えてみれば、地鶏を特別視する傾向は、世代的には平成生まれ以降の人たちが中心になったここ数年のことである。少なくとも戦後生まれの団塊世代の多くは、少し地方に行けば、親戚が来た時などに、飼っているニワトリの生みたての卵を食べさせたり、あるいは、その家に飼われていたニワトリをシメてご馳走にすることなどを体験しているはずだ。

昭和時代には、小学校ではニワトリを飼って、子どもたちが世話をしていることもしばしばあった。卵はコレステロールを増やす危ない食品という「神話」が根をはった現代のほんの少し前までは、同じ卵が完全栄養であるとして、病人のお見舞いにもっていく大切なものというイメージがあったし、卵酒は風邪などの病気の際の栄養補給になると信じられていた。

また、ぼくが子どもの頃は、伏見稲荷の参道の茶店は、スズメの焼き鳥で有名だった。稲荷信仰では、神様のお使いがキツネということになっている。このキツネは玉と鍵をくわえていて、スズメはどこにも見えない（稲荷信仰は京都から江戸に下って、江戸でブームになった。隅田川の大花火で「玉屋」「鍵屋」と声をかけるのは、伏見稲荷大社のキツネに由来している）が、帰りの参道でスズメを食べるのが通例となっていた。

正月の最初の午《うま》の日《ひ》にお参りする人も多いが、今は参道の焼き鳥の店ではスズメではなくニワトリの肉が使われている。すでに述べているように、日本では野鳥の捕獲、とくに霞網を使った捕獲が禁止されているために、スズメを大量に捕獲して食用にできなくなったからだ。ニワトリと聞くとがっかりする人がいるかもしれないが、野鳥を食べる際のウイルスの危険性を考えると人間にもこちらのほうが安全なのだ。

今でも中国や東南アジアの市場に行くと、籠の中に生きているニワトリを入れて、それをその場でシメて売っている。また町中の鳥屋でも、店頭に皮をむいた鳥をぶら下げていて、料理してくれる。日本ではそういう風景はもはや見られなくなった。それどころか、こうしたアジアの鶏文化が衛生的な理由から否定的に語られることが多い。

その反面、私たち自身はナマの鳥に触ったりさばいたりすることはしたくもないのに、「地鶏」という呼称をみると、自然で健康なものを食べているような気になる。この行為や感覚がいかに矛盾したものかということに、なぜ私たちは気がつかないのだろう。いや、自ら気がつかないようにしているのかも知れない。

3アーミッシュとニワトリ工場の間で

日本の卵は「物価の優等生」と呼ばれるほど、第二次世界大戦後、ほとんど価格が変わらないまま市場に流通している。

日本で卵を食べるスタイルが定着したのは江戸時代である。江戸では鶏卵問屋の組合ができたほどだった。七十年ほど続いた鶏卵の流通システムも、幕府によって一八一九年に営業を禁止させられた。

だが、これも「生類憐みの令」が原因ではなかったことは、同じ頃、江戸の元四日市町（日本橋）に公営の鶏卵撰立所ができていることからもわかる。つまり、民間のビジネスを幕府が奪ったことになる。それほど日本人は、江戸時代から卵料理が好きだったということを意味しているのだろう。

しかも、米飯に生卵をかけてそのまま食べられる国は日本だけだ。卵かけ御飯はかつては日本旅館の朝御飯の定番であったが、最近はそれ専門の店ができたり、スーパーで卵かけご飯用の醬油が売られていたりする。

こういうと、中国やアメリカの友人にはとても驚かれる。というのも、通常は卵の殻にサルモネラ菌が付着したり侵入したりしているので、食中毒を起こす危険があるからだ。しかし、日本の採卵養鶏場では、約九〇パーセント以上が白色レグホンのバタリーケージ飼育で、大手採卵場では徹底した消毒と検査をしており、少なくとも「産卵後約一週間の賞味期限」を販売時には徹底しているがゆえに生卵が食べられる。

こう書くと、生卵を食べるのは世界でも日本独自の文化だと思う人も多いだろう。しかし、いつから日本人が生卵を食べていたのかはよくわかっていない。「忠臣蔵」で討ち入りの前に、大石内蔵助が「玉子かけご飯」を食べたという話を小説家の池波正太郎が書いて、それが広がり、その逸話を紹介している書物も多い。だが、第二次世界大戦前まで、他には「生卵を食べた」という記述は見かけない。

また今でも、米飯ではないが、韓国やフランスでも肉やスパゲティに生卵をかけて食べているのをぼくは観察している。これらから、生卵を食べるのは日本だけとする「定説」はかなり怪しいと言わざるをえない。

卵は賞味期限が過ぎても一週間くらいであれば、煮卵にすれば食べられるが、いったん煮ると生《なま》より早く傷む。ぼくも夏に香港の街中で煮卵の入った弁当を買い、中国本土に向かう列車の中でそれを食べたところ、広州駅についてすぐにひどい嘔吐と下痢を繰り返し、広州の病院に一日入院したことがある。温湿度の高い地域であることは実感していたのに、日本と同じことをして大丈夫と思い込んでいたのだ。

今日、無農薬の安全な飼料で平飼いしているニワトリを市場に出そうとすれば、当然それなりのコストがかかり、日常的に食べる機会は少なくなる。実際、中国では平飼いのため、ニワトリの産卵が気温の影響を受ける。近年は暑さのために、卵が一個七元になっている。七元＝百七十円くらいとすると、それだけでも日本よりかなり高いが、中国での価格としても通常時の二倍にもなり、もはや庶民には買えないものになる。またこれによって中秋節の月餅が、卵の品薄のため作れないということになる。これらも自然飼いの欠点のひとつといえよう。

それゆえ、今多くの日本の養鶏産業で行われているバタリーケージによる飼育（鶏の集約的「ケージ飼い」システム）で生産された卵より、平飼いの地鶏が産んだ卵のほうが安心だという「消費者心理」は幻想だと言えよう。

こうした「ケージ飼い」のなかでも、種鶏の育成から採卵、パッキング、流通まで、完全なオートメーションで工場方式で行うものをインテグレーション・システムと呼ぶ。この方法はたしかに安全性や安定供給という面では優れている。そして、このインテグレーション・システムと対極にあるのが、ぼくがこれまで見たなかでは、アメリカのアーミッシュと日本のヤマギシ会だった。

アーミッシュは、キリスト教プロテスタントの再洗礼派の一派であるが、彼らはドイツやスイスの旧教勢力に追われてアメリカに渡ってきたピューリタンの時代そのままの生活様式を、その宗教的信条に従って守りつづけている。

東海岸のペンシルベニア州から中西部のイリノイ、インディアナ州にかけて、この「アーミッシュ」と総称される人々がいるが、その中にはメノナイト派などいくつかの宗派があり、中西部に入るほど戒律が厳しく、外部の人間を共同体に立ち入らせない。アーミッシュの共同体では教会中心の生活をし、クルマを使わず馬車で移動し、家具や衣服を自分たちで作っている。また電気や電話もない。ニワトリやブタなどの飼育も生活の一部として行われている。すなわち、日々の暮らしの中でニワトリを飼い、卵や食肉を得るという方法なので、自然に平飼いになる。逆に言えば、現代ではこうした宗教的生活をしなければ、ニワトリとの「自然な」関係はつくれないと言えよう。

よく似たスタイルを維持しているヤマギシ会も、現在は自然農法で生産した食品などをトラックで各地に運び販売しており、「自然食品メーカー」のように受けとられているが、第二次世界大戦以前は共同体としての生活を営んでいた。

一九七〇年代以降、学生運動に挫折した学生たち、当時のヒッピーなどに憧れていた人たちが、ヤマギシ会の活動に関心を抱き参加する傾向が見られた。その一方で、カルト的なものとして危険視される傾向もあった。

当時、若かったぼくもこうした自然志向共同体に関心があったので、一週間の「特講」に参加してみた。夕刻以降になると、「無所有・共有の思想」を核として、参加者がいろいろな課題で議論し、全員が一致するまで続ける。その意味では、徹底した「民主主義」である。

一週間の特講が終わると、会員になる人もいる。ぼくはこの全員一致についていけないと感じて「見学者」で終わった。ヤマギシ会に入会する際には、自分の全財産を会に寄進し無所有になって、共同体の一員として生活するという仕組みだ。そして現在では、その共同体で生産されたニワトリの肉や卵の販売を通じて外部の社会とつながっている。

アーミッシュもヤマギシ会も、現実には資本主義経済とのつながりがなければ自活していけないと思う。このため外部から思われている以上に、共同体には「近代化」の波が押し寄せている。だが、それでもぼくには、畜舎の泥の臭いなど耐えられないことも多かった。

もし人間が真の意味で自然な食品を求め、ニワトリとも「自然」なつながりを求めようとすれば、「自然」や「安全」の良いとこ取りをするのではなく、そうした非近代的生活全体を受け入れなくてはならないだろう。こうした共同体は、近代社会の一部分としては成立しえても、社会全体としては成立しえない壁があると言わざるをえない。

しかし一方で、欧米の動物福祉団体は、家畜動物であっても、その家畜が生きている間は健康な環境を守らなければならないと主張している。欧米においては、それは特殊な思想ではなく、「アニマル・ウエルフェア」として一般的な規制条件になりつつある。だが日本では、現状では鶏肉、卵を含めてほとんどの畜産現場で、飼育方法がこの世界基準を満たしていない。

このため神戸牛やブランド卵がどれほど美味しくても、オリンピックの選手村で使うことができないということになった（この事実はなぜかあまり報道されていないが、結果的に二〇二〇年の東京オリンピックだけは「例外」とされた）という。畜産農家のもつ土地の広さに限界のある日本で、安全でおいしい鶏肉や鶏卵を世界基準に沿って、どのように生産していくのか。「クールジャパン」をめざすこの国にとって今後大きな課題であろう。

4　鳥インフルエンザ感染の犯人

ここで、もう一つ考えておかなくてはいけないのは、鳥インフルエンザの問題であろう。なぜ毎年のように、東アジアや中国で強毒性の鳥インフルエンザが発生しているのだろうか。一方でアジアや中国の鳥インフルエンザのウィルスは、毎年のように日本にも入ってきている。にもかかわらず、日本では幸いここ数年は、鳥インフルエンザの大量発生が生じていないのはなぜなのか。

多くの人は、鳥インフルエンザは鳥だけに感染するウィルスだと思っているかもしれない。だが、インフルエンザのウィルスである以上、すべての生物が媒介する。もちろん鳥に多いのは事実だが、ニワトリの感染・発症は結果であり、アジアから毎年渡ってくる渡り鳥は、(野鳥保護者にとっては言いにくいことかもしれないが) インフルエンザ・ウィルスを保有して日本に渡ってきているものも少なくないはずだ。

さらに中国からの旅行者の中には、自国の鳥や卵のほうが味が濃いので、日本にいる親族への土産に持参する人もいる。こうして鳥インフルエンザ・ウィルスは現実には、毎年日本に入ってきていると思われる。

そうした状況にもかかわらず、繰り返すが、日本でなぜ鳥インフルエンザが爆発的に広がらないのか。それは大きく報道はされていないが、以下のような事情による。たとえば日本のどこかで野鳥の死骸が見つかると、必ず検疫に出される。そしてその死骸から鳥インフルエンザ・ウイルスが発見されれば、ただちに半径一〇キロメートル以内のニワトリを含むあらゆる飼鳥を殺処分しているからだ。

これを動物愛護の観点から「残酷」だと思うか、「だから日本の卵はナマで食べられるほど安全だ」と思うか、そこには個々人の考え方の違いがあるといえるだろう。これに対して、かわいそうという反応はあっても、抗議する人がいるとは聞いたことがない。

東南アジアでは、バイクの後部に殺したニワトリなどをぶらさげて国境を越え、商売をする習慣がすでに生活の中の文化として定着している。これが鳥インフルエンザ拡散の原因となっているのは事実だが、現地の生活文化を尊重するという意味では、疫学上の理由だけでいちがいに非難はできないとぼくは思う。

家禽を扱う業者にすれば、鳥インフルエンザを運んでくるのは海外の渡り鳥だから、それらをコントロールすべきだと考えている。ここに家禽学者と鳥類学者の溝もある。しかし、真に害を与えているのは、ニワトリでも野鳥でもなくウィルスである。

人間にインフルエンザが流行ったとき、だれもインフルエンザにかかった人間を非難しないし、それを媒介しているブタを殺したりはしない。鳥インフルエンザについても、今のところ根本的な研究をしているのは野鳥研究者でも家禽研究者でもなく、基礎医学の生物学者やウィルス学者である。

しかし鳥インフルエンザが万一、ニワトリから他の動物、とくに人間に感染したら（事実、中国ではそのような報道がなされているが）、そのときに鳥に関わる団体や研究者はどのような態度をとるべきなのだろうか。

5 人間本位の「害鳥」と「益鳥」の区分

この章での「家禽」とともに、第四章ではアビ漁、鷹狩、鵜飼など鳥を使う人々を紹介してきたが、これらの鳥に関わるビジネスは外部の人が想像する以上に難しい。

鳥を使ったビジネスを安定的に行うためには、鳥を使うだけではなく、鳥を育てなければならない。しかし、これには大きなリスクがある。鳥に餌を与え、慣らしていくのはもちろん、鳥にとって住みやすい環境を作ってやらなければならないからだ。

川にしても森にしても、人間には完全にコントロールすることはできないが、鳥だけでなく、少なくともそれらの環境を含んで守らない限り、鳥を継続的に使用するビジネスは続けていけない。

実際、鷹匠にしても鵜匠にしても、不確実性の多い仕事だ、鳥は寄生虫に侵入されやすいとともに細菌、ウィルスに感染しやすい。またそれらを遠方まで運んでいくために、いったん一羽が病気になるとまたたく間に感染が拡大していく。その意味でも、ビジネスとしてはきわめてリスキーである。

一方、人間は自分たちの都合で、同じ鳥を「害鳥」と「益鳥」とに区分している。たとえば、日本は古来はカワウを使って鵜飼をしていたと推測されるし、中国では今でもカワウを使って漁をしている。しかし今日の日本では、カワウはアユなどを食べるので、淡水漁業者に被害を与える害鳥とされ、環境省も狩猟の対象にしてもよい鳥類のリストに入れている。

同様に、スズメやカラスも害鳥である。これに対してツバメは益鳥とされるが、その理由は害虫を食べてくれるからだ。また美しいツルも、地域によって益鳥と言われることもあれば、害鳥と言われることもある。たとえば北海道では益鳥だし、鹿児島では害鳥と見なす人々さえ農家にはいる。

そもそも害鳥とされる理由は、鳴き声がうるさい、農作物を食べる（ツルは農作物を食べることはない。田畑の水路にいる昆虫を食べるだけだが）などだが、それらはまったく人間の都合である。そして、それぞれの時代の、それぞれの地域の人間の生活にとって、同じ鳥を「益鳥」と「害鳥」とに判別しているにすぎない。

環境省の鳥類保護の理由は、その鳥が「益鳥」か否かという点にあるのではなく、その種が稀少だからという理由による。したがって稀少であれば、関係する人がどう思っているかは別として、コウノトリ、トキ、アホウドリなどの鳥を保護の対象にし、生物多様性の観点から積極的に増やしていこうとする取組みが行われている。

また「日本野鳥の会」は、（あくまで「今は」）鳥は見るだけにすべきもので、絶対に飼うものではないという立場をとっている。鳥は脅してはいけないという立場にもたっているから、バードウォッチングというように、望遠鏡で観察したり写真を撮影したりする。探鳥会でも、なるべく遠くから観察するようになっている。

今日では、鵜飼や鷹狩のように人間が鳥を使って行う行為は限定されている。ヨーロッパではイルカショーを行っている水族館は皆無に等しい。また、クジラやイルカの追い込み漁は海外から批判されている。こうした動物愛護の観点から、人間が鳥と直接にふれあう機会はきわめて限定されている。

しかし、ブンチョウを手の上に乗せて可愛がることは、鳥をいじめていることになるのだろうか。自宅の庭の木に巣箱を作ったり、餌台を作って餌を与える、鳥の餌付けも許されないことなのか。少なくとも子どものときに、なんらかの形で鳥とふれあう時間のあることは大事ではないのだろうか。鳥にふれる機会もないまま成長していき、人間の都合で、同じ鳥に「益鳥」や「害鳥」というレッテルを貼っていくことには疑問を感じる。

これらのことは、鳥に特段の関心をもっている人以外には、その事実自体が奇妙にみえるかもしれないが、人間と鳥のつきあい方を文化の観念で考えるうえでは重要なことだろう。

そうした点で着目したいのは、大阪の天王寺動物園、北海道の旭山動物園、京都市動物園などに代表される最近の動物園の変化である。エンターテイメント化が進み、動物の生態を魅力的に見せたり、稀少動物の増殖を図るなど工夫をこらす動物園が増えている。

ただし動物の動きを魅力的に見せるという場合、ゾウやキリン、サルなどはその工夫がよくなされているが、鳥はほとんど同じ鳥舎の中に混在させられている。鳥の魅力は、繰り返し述べてきたように、人間にはない飛ぶという行動である。

現在の映像技術や情報技術を連携させて効果的に使えば、鳥が飛ぶところや水中に潜るところなどを魅力的に見せ、その行動に子どもたちに興味をもってもらうことができるだろう。ところが現時点での日本の動物園には、鳥専門の飼育員、学芸員、獣医師はほとんどいない。

しかし、第一章の「花鳥風月」で述べたように、鳥と花を「花鳥」一体化させた光景として観るという日本の文化を想起すれば、熱帯の鳥を実際に飛ばせているシンガポールの動物園よりも日本のほうが、江戸時代の「孔雀茶屋」や「花鳥茶屋」のように、その伝統を生かして鳥たちの姿を生き生きと見てもらえる魅力的な動物園をつくれるはずだ。

その一環として、旭山動物園はオオジロワシを飛ばそうとしているし、神戸のハーバーランドの神戸動物王国ではオウムを観客の前で飛行させる演出をしている。だが、ここにもまた、鳥に「芸」をさせてよいのかという「動物愛護」の側からの非難の声が聞こえてくる。

6 「鳥はなぜ飛べるのか」再考

現在のアカデミックな鳥類学では、鳥の文化誌や鳥と人間の関係の歴史はとりあげられない。今日の鳥類学者は文化や歴史への関心はあまりないらしい。しかし山階芳麿を囲んだ当時の鳥類学者たちは、そろって文化、歴史、芸術に深い関心をもっていた。今後の鳥類学こそ、鳥をとりまく文化、歴史、芸術を学問的な枠組みにとり込まないかぎり、「学」とは言えなくなるのではないだろうか。

また、普通の人の鳥への関心は、学者の研究テーマからはかなり離れてしまっていると感じる。人々の関心は、なぜ鳥は飛べるのか、なぜ渡り鳥は季節、場所を間違えず飛んでくることができるのかなど、専門家なら当たり前すぎてあらためて考えたくない点にある。しかしよく考えてみれば、鳥類学者は、これらの素朴な、同時に本質的な質問に真正面から答える必要があるのではないか。

第一章で詳述したように、最近の鳥類学の分野で進歩したのは、一つはゲノム解析による分類の再検討であり、これによって鳥類の祖先が恐竜であることやニワトリの家禽化の過程などが明らかになってきた。

もう一つの進歩は、鳥の生態の観察や保全の取り組みであり、アホウドリやコウノトリやトキなどの稀少鳥類の保護と繁殖のためにさまざまな試みが行われ、多くの点で成功の方向にむかっていることである。

しかしそれらの取り組みの成果によって、実際に鳥の種類や数が増えると、かつての自然豊かな環境とは異なり、今日の都市環境や人間の生活にはさまざまな弊害も生じはじめている。こうした理想と現実の軋轢が生じるにもかかわらず、鳥類の数を増やすことが当面は肯定的に受け入れられ、現実に起こりうる社会的な軋轢とどう調和させ、その地域の振興に役立てていくのかということについて、検討はまだあまり行われていない。

ゲノム研究も環境保全の取り組みも、追究し推進していけば成果が出る。しかし、それらはたいてい結果論である。たとえば、「結果的に」恐竜が鳥に進化した「過程」は解明できても、なぜ恐竜は鳥になったのか。人々のもつ「なぜ」に答えているのだろうか。

鳥はなぜ飛ぶのか、なぜ渡るのかについて、現在の「鳥類学」は人々が納得のできる説明ができていないように思う。先端的には研究が進んだようには見えていても、もっとも根本的なところでは、私たちが子どもの頃に読んだ本以上のことはわかっていないのではないだろうか。

鳥はなぜ飛べるのかという疑問について、過去に教わってきた説明をもう一度整理してみよう。人間は鳥を真似て飛ぼうとした。当初は、鳥の羽を「羽ばたいて」飛行していると考えたので、人間も多くの場合、大きな人工の羽をつけて、それを上下に動かすことで揚力を得て、浮かびあがろうとした。

だが鳥はチョウとは異なり、そのような飛び方をしていない。鳥には風切羽があり、前進しながら風を受けることによって、羽の上下で空気圧に差を生じさせ、その結果上向きの力、すなわち揚力を発生させて飛んでいる。

ここでよく示されるのが翼の図である。翼の前面で受けた空気が上下に分かれる。その上下の空気の速度が異なるため翼の下面の圧力が高く、上面の圧力が低くなり、翼は上に吸いあげられるというものだ。

飛行機が飛ぶ原理も鳥と同じで、飛行機の翼はフラットではなく、鳥の羽のように構造的に上にふくれている。その前進が結果的に、次列風切羽の上下での空気圧の差を生む。

鳥は前進するために羽ばたくが、ヘリコプターのようにホバリング的な独特の飛行をするものもおり、その典型がハチドリである。ハチドリは羽ばたきながら空中で静止することができるが、これもスローモーションで見れば、羽ばたきは上下ではなく、前後に行われている。

こうした説明は、図鑑や博物館の説明表示にしばしば書かれていて、それをみると何となくわかったような気になる。しかし、実際にさまざまな鳥が飛ぶのをぼんやりながめていると、そんなに単純なものではないのではないかと、ぼくはどうしても思ってしまう。

鳥の飛行は空をすべるように滑空している時もあれば、急上昇する時もある。羽の構造も標本をみれば、それぞれの種によって複雑に異なっていることを実感する。こうした複雑な飛行の仕組みは、全体としてはまだ解明されたとは言えないだろう。

人間は四足歩行から二足歩行へと進化する過程で、手足を進化させ、それを使いこなすことによって脳を発達させた。その反面、発達した脳をもつ頭は大きく重くなり、飛ぶことはできなくなった。

一方、鳥は恐竜から進化し飛ぶようになった過程で、重心が前方にかからないように小さな頭をもつ体形に変化し、結果として脳は小さくなった。単純に脳の大きさだけで比較すれば、人間より能力が劣るはずであるのに、鳥は先にのべたような複雑な飛行をする。また群れを作り、鳴き声でコミュニケーションする。こうしたことが鳥の小さな脳でなぜ可能なのだろうか。

動物行動学者のコンラート・ローレンツは、動物の生得的な行動の背後には、それを発現させる潜在的なシステムが身体内にあらかじめ準備されており、何もなければ行動は生じないが、特定の解発要因（リリーサー）によってその行動が引き起こされるという。

そして、それが生まれた瞬間に起こること、一生同様の行動を繰り返すことをインプリンティングと名づけたのである。生活に必要な習性は、生まれてすぐインプリンティングされるため、それらが重なって、人間の目からみると複雑な行動も可能になったと説明されている。

だが、それだけでは十分に説明されない行動も多いのではなかろうか。たとえば、カラスは非常に賢く、タカを使って追い払おうとしても、すぐにそれがオドシにすぎないことを見抜き、仲間のカラスにその情報を伝えていくらしい。

渡り鳥は実際は直線的に渡るのではなく、いくつかの場所を経由して渡っていき、鳴き声にも地域ごとの方言があり、それが鳥が渡ることで伝搬していく。このあたりの社会的なメカニズムは、まだ十分には解明されていないようだ。

鳥の渡りについては、子どもの頃には、鳥は磁力線を感知し、それで方向を知ると教わった。さらに鳥は星座を見て飛んでいくとも教えられた。しかし、それは本当なのか。鳥は夜にも飛ぶことができるとされているが、本当に鳥の目は夜も見えているのか。昼は何を頼りに飛んでいるのだろうか。太陽の方向を見ているというが、最近の鳥類学の本では、鳥の目には偏光極性があるとされ、いわゆる「視力」ではないらしい。

しかし鷹狩で使われるタカは、地形を見て覚えるため、自分のテリトリーをもっていると鷹匠からきいた。またレース用のハトは、自分の小屋に帰る本能を利用しているとされているが、実際には地形を見て飛んでいるとレース鳩のチャンピオンは語ってくれた。それらのことも、まだ十分には解明されていない。

「鳥暦」といわれるように、日本人にとって、渡り鳥は季節を知るきっかけになってきた。だが、なぜある時期に、ある鳥は必ず渡ってくるのかも、まだ完全にはわかってはいない。それには体内時計が関係しているとされており、脳下垂体の調節機能によって一年間のある時期を認識して、飛び立とうとするホルモンが作用すると考えられている。

そして渡り鳥は毎年、同じとき、同じ場所に戻ってくる。このメカニズム全体の調和した働きはどのようにして起こっているのだろうか。そのように素朴に考えると、私たちが鳥類学者に説明してほしいことは、まだまだ残っていると思う。

なぜ鳥については、それほどまだ分からないことが多いのだろうか。いや、そもそも鳥と人間とは分かり合えるのか。鳥は恐竜から進化して、翼を得たときに骨のかたちを変えた。中空の骨で軽く強い。また骨格の構造も人間とは違う。全体構造も両者は異なっており、骨格だけをとっても、鳥と人間は生物の世界での対極の存在といえるだろう。

生物の進化の過程では、爬虫類からはトカゲやヘビが派生した。そして、トカゲの一部が恐竜になり鳥になった。別の道をたどり、原始的な齧歯《げっし》類の一部から下等なサルが生まれ、そこから霊長類が進化して、イギリスの著名な動物学者デズモンド・モリスの言うところの「裸のサル」に至った。

私たち「裸のサル」からすれば、ようやく地上の食物連鎖から抜け出し獲得した樹上生活であるにもかかわらず、それを上から襲ってきたのが鳥だった。やがてサルの一部が地上に降りて生活するようになると、直立二足歩行する人間は他の四足動物からは大きく見える。しかも前方を見通すことができたから、逃げることも追いかけて狩猟することもできた。

まったく想定外の盲点となったのは足元から攻められることで、それがもうひとつの爬虫類ヘビだった。つまり、人間の天敵は、まったく違う進化の道をたどった二つの爬虫類の末裔、鳥とヘビになったのだ。

このような人類の進化から考えてみると、鳥と人間の完全な共生はありえないと実感する。鳥の減少や生態の変化、渡りのコースの変化などは、人間にとって文明の鏡とはなりうる。しかし、鏡は左右対称の像を映してはいるが、決して融合はできない。この融合できない「関係性」を、「棲み分け」や「飼育」や「保全」といったさまざまな文化の型で、人間の側が自らの「知恵」を使って永遠に探り続けることが大切なのだろう。

第六章　鳥と人工知能の未来学

1 鳥に近づく情報技術

今日、人工知能や自動運転、ロボットなどの開発が進み、機械技術に情報通信技術を組み込むことによって、入力から出力に向かう一方向の動作ではなく、機械が自律的に動作を制御する仕組みが進歩してきた。だが生物は複数の行動や反応を同時に行いながら、かつ自分自身の状態を一定に保っている。このため、まだ完全に機械が生物にとって代わるまでには至っていない。

このような生物のフィードバック機能を導入しようとする発想は、二十世紀の中頃から機械技術の新たな発展の方向性として探られてはいた。今日のロボットは、人間を模した機械を作ろうとしており、その究極の目的と言える。こうした研究は、アメリカのマサチューセッツ工科大学（MIT）において一九四〇年代に「サイバネティクス」という名称で始まった。

物質とエネルギーで宇宙が構成されているという二十世紀初期の考え方では、特定の物質（材料）を機械に入力し、エネルギーを与えれば必要な物質（製品）が生産できる。この方法を究極まで進めた形態が、フォードの自動車工場で実現されたオートメーションだった。これは素材から製品を作るという一方向の変化であり、大量に効率的に製造できるが、その製造量を環境変化に応じて自動的に柔軟に調節したり制御することは不可能だった。

ところが生物は自分の身体を一定に保ち、子孫を増やしていくために常に外界との間でさまざまな自己調整を行っている。この恒常性の仕組みを解明し、その自動調整機能を機械にとり入れるために、生物とそれまでの機械装置との違いを徹底的に比較したのがＭＩＴのノーバート・ウィーナー（一八九四―一九六四年）とクロード・シャノン（一九一六―二〇〇一年）だった。

生物は身体内で一定の物質が過剰に生成されると、自律的に抑制または停止する。たとえば各種のホルモンの分泌は、脳下垂体からその分泌器官に分泌すべし、あるいは制御すべしという情報が送られることで調節されている。つまりフィードバックである。

このためには、それまでの概念であった「物質」と「エネルギー」に加えて、新たに「情報」という概念を導入しなければならなくなった。シャノンはそれを「コミュニケーションにおける数学的理解」という論文で指摘し、はじめて「情報量」という概念を定義することで、情報科学の基礎を構築した。

情報伝達によって機械におけるフィードバック・システムが可能になり、たとえばリレー装置のように、一定以上の作業が行われると自動でスイッチが切れて作業が自動的に停止するというシステムが実現した。実際、生物の体内の神経系は、電気的な伝達スイッチのオン／オフによる組み合わせが多重に重なることで成り立っており、この究極の形態として、生物の脳を模倣したコンピュータが誕生した。そして、さらにそれをメカニックに外在化、外機能化することによって、ロボットや自動運転が可能になった。

しかしこれで、機械は動物と同じように行動することができるようになったのだろうか。残念ながらコンピュータにせよロボットにせよ自動運転にせよ、エントロピー拡散の法則から逃れることはできず、しだいにその性能が劣化していく。それがこれまでの技術の限界だった。だが人工知能が登場することによって、外から他者にプログラムされなくとも、その機械自身が学習し、それによって得た答えを組み合わせて、さらに自ら問いを発して学習を続けるという具合に、機械が自らを成長させていくことが可能になった。これによって、機械はより生物に近づいたとは言えるだろう。

そこで、これまで物理化学を中心に発達した科学技術は、もう一度ウィーナーの発想に戻り、動物の行動や反応、それをもたらす器官の構造と機能から直接学ぶことが必要になっている。動物のそれを機械が摸倣して再現することがより可能になったのかもしれない。これがバイオミメティックス（生体摸倣技術）、またはバイオミミクリー（生体工学）と呼ばれる考え方である。

今のところ、バイオミメティックスの具体的な成果としては、生物の中で最も機械的な動作をする昆虫の行動の模倣、あるいは昆虫の羽の発色の構造を真似《まね》た塗装などにとどまっている。しかし、これらは最終的には、人間と同じ行動をするロボットを作る技術にも応用されていくだろう。

だが、動物のなかで、一方の進化の極致としてヒトがあるとすれば、もう一方の極致としての鳥がいることを忘れてはならない。鳥類は、系統樹でヒトにつらなる動物のもっていない、まったく別の機能と構造をその身体に発達させてきた。これを現在可能な機械技術に摸倣して応用すれば、これまで想定さえできなかった、新たな機能をもつ自動機械の実現が可能になるかもしれない。

もちろん、そのような試みは過去にもたびたび繰り返されてきた。人間が飛行機を発明しようとしたとき、最初に模倣したのは鳥の飛行だったことは、すでに述べた。そして、数々の失敗や悲劇から学んだ結果、鳥の飛行の発想をいったん離れた空気力学による浮力獲得によって、ライト兄弟以降さまざまな試行錯誤を通じて、今日の飛行機が実現したのである。

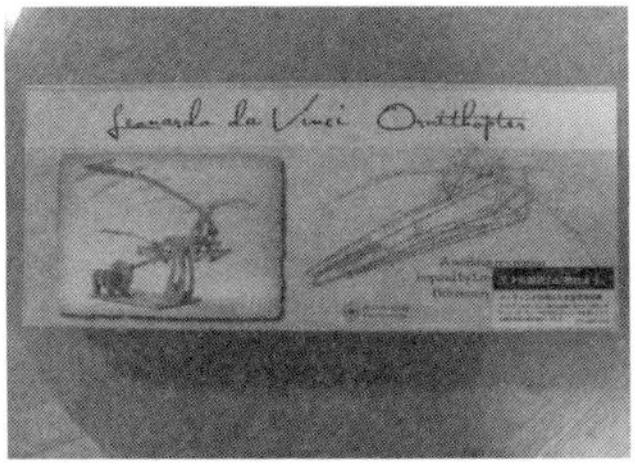
図6−1　レオナルド・ダ・ヴィンチの「羽ばたき鳥形飛行機」の模型（Pathfinders 社製）

しかし、ダ・ヴィンチや浮田幸吉などが夢想したような飛行、すなわち鳥のように羽ばたいて飛行することは本当に不可能だったのだろうか。もう一度、今日の鳥類学の知見から再考すれば、その可能性も追求できるだろう。

たとえば手塚治虫のマンガに描かれた、「未来社会」のなかでまだ実現されていない数少ない「空飛ぶ自動車」は、なぜこれまで不可能だったのか。それは「既存のエンジン付四輪車の飛行機化」の方向でしか考えてこなかったからだ。

そこに突如としてドローンという単純な空飛ぶ機械が登場し、飛行機とは違う方法で空中を飛翔することがあまりにも簡単に実現されてしまった。これは既存の自動車技術や飛行機技術の延長からは出てこなかった発想だ。

このドローン技術の延長では、鳥の群れのような集団飛行を編成することも可能になる。そのためには、鳥の構造や行動を徹底的に研究し、その知見を機械技術として再現することが必要だろう。それが鳥のバイオミメティックスである。

たとえばフクロウの飛行の解明もそのひとつだ。猛禽類の中でもっとも捕獲が上手いのはフクロウだが、夜行性のため、人間が本物のフクロウをその目的のために使うことは難しかった。フクロウは、アニメや映画にユーモラスなキャラクターとして登場したり、フクロウ・カフェに人気があるように、かわいい鳥と思われがちだ。しかし、実際は攻撃性の強い猛禽類である。春になるとメスが卵を抱いてヒナを育て、オスは餌を運んでくるという役割分担をする。そして、人間や他の動物がヒナに近寄ろうとすると、どこからかそれをみていたオスのフクロウが激しく攻撃してくる。

夜に狩りをするときも、フクロウは音もたてず直線的に獲物をキャッチする。このためウサギやネズミなどの小動物は、その存在に気がつかないうちに捕獲されてしまう。この技術を人間は新幹線のパンタグラフに応用している。三〇〇キロ近い高速で走行していてもほとんど音がしないのは、フクロウの羽の構造を真似てパンタグラフの型を作っているからである。

さらにフクロウの飛行を超高速撮影をすると、フクロウは急降下して地上の獲物をキャッチし、地上に降り立つことなくそのまま上昇していくことがわかる。今はこのような動きが可能な航空機はないが、近未来にはそれを再現する技術が開発されるだろう。

また渡り鳥の移動を調べるための方法としては、従来は野鳥につけた足輪を標識として記録し、その鳥が再捕獲された時に記録を照合して、特定の渡り鳥の経路を調べるという標識調査の方法がとられてきた。

図6−2　鳥の足に、国際的に決められた標識をつけることで個体識別する鳥類標識調査（山階鳥類研究所蔵）

日本では環境省がそれを管轄し、そのもとで山階鳥類研究所が国際的なデータを集積してきた。近年、この標識を軽量のGPSにして、そのメモリーに記録されたデータを解析すれば、渡り鳥の経路だけでなく、鳥の速度などのデータも記録できるようになった。

ただ、鳥が飛ぶのに負担にならないようにするためには、このGPSができるだけ小型で軽量でなければならず、まだ十分普及しているとはいえない。それでもこの方法によって、同種の鳥の渡りのコースがしだいに変化してきていることがわかってきた。その原因は、おそらく地球温暖化によるものではないかと推測されている。

このことは鳥類学者や環境省だけではなく、気象学者や気象庁も注目している。そして、鳥に装着させた小型ビデオカメラやセンサーなどの装置を通じて画像やデータを記録し、超小型で省エネ型の衛星測位モジュールを装着して放鳥し、人工衛星を介して鳥からの情報をリアルタイムで受信する方法を開発した。これをバイオロギングという。

たとえば近年では、東京大学大気海洋研究所で行っている、オオミズナギドリの日帰り採餌行動の研究がある。鳥の行動の記録だけでなく、その時鳥がいる位置の風向や風速もデータ化して海上風の変化を調べたところ、とくに異常気象の年は海上風が大きく変化していたことがわかった。

そのデータは、気象衛星の記録ともよく合致していたので、将来の気象予測の方法としても期待されている。バイオロギングによれば、鳥の渡りのコースの変化がより解読しやすくなり、地球規模での気象変動の予測ができるかもしれない。

だが実際には、まず装置が非常に小型で、かつ長時間の飛行に耐えるため省エネ化する必要があり、実用化は大変に難しい。同時に、鳥は冬に北から南へ渡り、春は南から北へ渡るという習性があるが、気象の温度変化はその行動パターン通りではないことが多い。

たとえば、季節の中間で変化が生じるだけではなく、冬にも温暖化で北極の氷が解けることがある。その変化が顕著な時期と鳥の渡りは必ずしも一致しないという難点も指摘されている。しかし、これらをディープ・ラーニングすれば予測の精度は向上してくるし、さらに今は予想されていない新たな問題の発見にもつながるかもしれない。

2 現実化された鳥のテクノロジー

鳥の行動や身体構造を真似た技術は、すでに現実に実用化されているものもある。たとえば今日のカーナビは、そのGPS情報による真上から見た地図での、自動車の位置から進行方向前方の光景を計算して表示するとともに、自動車を含めた状況を車の斜め上の位置からあたかも眺めているように表示することができる。

これが「バードヴュー」と呼ばれる技術で、鳥の視覚を摸倣したとされている。この技術を使って、自動運転によるパーキングも可能になった。これらは、自動車の側面に取りつけた複数のカメラから集めた画像から、仮想的に自動車とその周辺との距離を計算して自動操作しているのである。

しかし実際の鳥の視界は、「バードヴュー」ではない。顔の両面についている、それぞれの眼からの情報を脳内で結合して「世界」を再構築しているのだ。この仮想的な世界の構築が、これからのAI技術を利用できれば可能かもしれない。

また、カルガモの親のあとを、インプリンティングされたヒナたちが順に歩く姿を真似て、複数の自動車が一定の車間距離を保ちながら、高速道路などをハンドル操作なしに自動運転することが可能になっている。

その他、キツツキは高速度で堅い木に穴をあけ続ける習性があるが、従来のドリルでこれと同じことをするとその振動と衝撃で使用する人間は耐えられない。このキツツキの行動をコンピュータ上で再現して、それを真似ることで衝撃を吸収するハンマーが開発されている。

また、アホウドリの羽を真似てエアコンの室外機のファンを開発し、風効率が二〇パーセントも向上した。同様にカモメの羽根を真似た扇風機は面として細かい風を継続的に送れるようになり、従来の扇風機の不快感を軽減した。

しかし、鳥の行動や構造を真似して人間の技術開発に応用しようとする場合、やはりもっとも重視すべきなのは飛翔である。先に述べたように、ライト兄弟以前の初期の飛行機の多くが失敗したのは、鳥の羽のはばたきを素朴に真似ようとしたからだ。

だが鳥は、空中に浮かぶ揚力を得ることと、前進するための推力を得るという二つの機能を翼によって実現しているので、揚力を生み出す部分としての翼と、推力を生み出す部分としてのプロペラに分類して、複葉機の原型を発明したのがライト兄弟の発想だった（米国のスミソニアン協会は、ライト兄弟の飛行機を世界最初の空中を飛ぶ機械として公式に認めているが、実際にはすでに他者が発明していたことは近年の歴史学が実証している）。

ライト兄弟の飛行から数十年後に始まった第一次世界大戦では、すでにさまざまな航空機が登場したことからも、揚力と推力を分離した考え方が、今日の航空機技術を進歩させてきたことは確かである。しかし今日の飛行機がいかにすぐれているといっても、空中という三次元の環境において、力強くしなやかに飛ぶ鳥たちの飛行にはまだ及ばない。

一方で、今日、飛行速度を自在に変更できる可変後退翼をもつ航空機や、垂直離陸できる大型航空機も開発されていることをみれば、ふたたび鳥のはばたき飛行を真似ることで、新たな航空機を開発することも可能であると言える。

ハチドリを真似て宙に浮くヘリコプターや、時速三〇〇キロ近い超高速スピードで垂直下降するハヤブサのような飛行も、その翼の構造と機能を真似れば可能性はある。また鳥型をしたドローンが、人間が入れないような地域で映像を撮影したり、困難な作業をしたりすることも可能だろう。

近年では、ドローンで荷物を運ぶ社会実験も開始されている。たとえばアマゾンが構想しているのは、ユーザーに応じて、その人が欲しそうな商品群を提示し、それらを注文するとドローンが自宅の玄関先まで直接運んでくれるサービスである。これが個々人のニーズに合致しているのは、過去に注文した履歴やブログなどをＡＩで予測しているからだ。

すなわち、個々人の生活に必要な商品をビッグデータから正確に抽出し、無数の商品の中で、人がその時期に必要とするものを的確に提示できる。やがては人工知能の推定で、ある人が注文しそうな商品をあらかじめその人の近隣の配達所まで手配しておき、実際に注文がありしだい、すぐにドローンで運ぶシステムが構想されているという。

すでにお気付きのように、こうした知能的なドローンは鳥を模している。多くの鳥の特徴は群れで行動することだ。現在の人工知能が急速に進化し続けているのは、スタンドアローンの人工知能が単独に学習しているだけでなく、世界各地に分散している人工知能がネットワークを通じて互いに学習し、情報を教え合っているからだ。

これには個々の人間はとても太刀打ちできない。人間は個別に学んだことを外在化して教え合うしかないからだ。しかし人工知能は、原理的には世界中のどの人工知能が学んだ成果もすべて瞬時に共有し、知的情報としてストックできる。このように考えていくと、本物の鳥が軍事技術に利用されることも大いにありうると言わざるを得ない。実際、アメリカ、ロシア、中国、イスラエルなどでは、動物学や鳥類学の研究所で公然とそうした軍事研究が行われている。

ここで人工知能を搭載したドローン、つまり鳥型ロボットを考えてみよう。鳥は群れで飛行する習性があるため、人間がつくった鳥型ロボットも自分たちで群れを作って、人間のコントロールを離れて都市の上空を飛行する未来図が描ける。

つまりドローンは、ドローン自身の知力で飛んでいくことになるだろう。ドローンが鳥になる日だ。それはまさに、あのヒッチコックの映画『鳥』の恐ろしい光景の再来にほかならない。映画では人間を襲ったのはカラスやスズメ、カモメなどの鳥の大群だったが、未来社会では人間が作ったAIドローンの群れに人間が襲われる。

人間が鳥のテリトリーをも奪ったのは地球史のなかのごくわずかな間で、その隙間《すきま》を人工の鳥が自らの意思で奪い返す。私たちの祖先の霊長類は鳥類を怖れたが、それと同じ恐怖が、近未来にも現実のものとして、私たちにもたらされるかもしれない。

3 『火の鳥』に展開された意味

手塚治虫の代表作に『火の鳥』がある。

手塚が描く「火の鳥」の姿は、ツルの身体、ニワトリの頭、鳳凰の輝きの三種類の鳥の合成で構成されている。本書でも、「鳳凰」を鳥の神話として論じ、ツル（コウノトリ）とニワトリを核に「人間と鳥の関係」を語ってきたが、手塚の『火の鳥』では、神話の世界から未来までを永遠に生き続ける象徴としての「火の鳥」が、人間の歴史を静かに見守っている。

「永遠の命」を人間に授けるものとして「火の鳥」を信じた人間は、「火の鳥＝永遠の命」を求めて翻弄される。そして、この長編のエンディングのセリフ、「原因がなければ結果はない」という言葉によって、結果（未来）はふたたび原因（太古）に戻る。

「火の鳥」が「不死」であることによって、「生命」は永遠に続いていくという思いを手塚は私たちに投げかけた。生き物の世代は交代し、さらに別の生き物に進化しても、その生命としてのゲノムは継承されていく。その意味で、私たちは生き物の流れのなかで個々の「死」とは別に、追い求めなくとも「永遠」をすでに獲得していた。「火の鳥」はその象徴だったのだ。

丘の向こうへと鳥の群れが飛んでいくのを、私たちは眺める。だが、個人としての「私」は、この現実の土地を自らの足でひたすら歩いていくしかない。人間がいかに鳥たちの飛翔を人工的に真似ようとしても、鳥には決してなりえないだろう。だが、それでも、そのさらに向こうまで飛んでいくことを、飛べない裸のサルたちは永遠に求めていくのだろうか。

おわりに——渡りの果てに

黄昏時の静けさのなかを、遠くから鳥たちの羽ばたきが聞こえてくる。それがなんという名の鳥なのか、ぼくにはわからない。

マカオの長期滞在ホテルの一室で本のあとがきを書いていることは同じでも、スパイアクションシリーズを書き続けた英国の作家よりも、日本の鳥類学研究所の所長の方が鳥の名を知らないのは恥ずかしいが、事実だ。だが、おそらく彼と同じ程度には、自由に空を飛ぶ鳥たちの姿には魅かれる。これが、子供の時、鴨川のほとりで見た思いもあるし、今、この部屋から南シナ海の上空を見る時の思いでもある。

熱帯のフィールドワークも（若いころは鳥類学者でなく、放送作家や文化人類学者としていろいろな所に行ったが）嫌いだ。離島に行くのも興味はあるが、行く前に不安になってしまう。かつてはそうした不安な気持ちを、その場に行くと湧き起ってきてしまう好奇心が押し返していた。

だが、今はせいぜいシンガポールのボタニック・ガーデンの鳥たちの声を聴いているほうが心は癒やされる。

フィールドワークよりも、古文書や図譜を広げていたほうが自分の好奇心は満たされる。渡り鳥を追って空間的に移動するより、時間軸をさかのぼっていくほうが、申しわけないが気分がいい。これは誰にとっても良いということでなく、今のぼくにはそうだというに過ぎない。

こんな者が鳥の文化に関する本を書いていいのか、迷いに迷った。でも、鳥と人間の関係について考えていくと、鳥の飛ぶ姿の向こうから見える日本人、あるいはヒトということもあるのではないかという思いに至った。

「花鳥風月」という日本人の美意識なるものは、ふつう考えられているように、いつでも鳥が好きということではなく、遠方から眺める光景としての「花鳥」をさしているのだと思う。ここに日本文化の、日本人の生き物観の特徴があるのではないか、というのが、この本の出発点だった。

だが、こうした話題ではすぐに「伝統」という言葉が頭をもたげてくるということがある。明治維新では「新しい皮袋に新しい酒をそそぐ」ことになったはずだが、その主であった「革命派」の人々が、武家に代えて引き出してきたのは、古色蒼然たる役割を演じさせられた「天皇」であった。別に天皇家は江戸時代に弾圧されていたわけでも、無視されていたわけでもない。むしろ「紀元二千五百年祭」を盛大に行いたがったのは時の将軍、徳川家慶（在職一八三七―一八五三年）のほうであっただろう。

そしてそれが『日本書紀』や『古事記』に由来しているという言説を、ぼく自身も含めて日本人は好むのだろうか。これが欧米でも、けっこう受けることは経験している。しかし、その後でイリノイのオールド・アーミッシュの村に戻ったり、イタリアの小都市で古代ローマの遺跡が露出している街角に佇んだ瞬間に、ぼくは自分が今しがた語ったことに、やはり恥ずかしさを感じてしまう。

こうした日本文化なるものの、相対的な特性は認めながらも、それを世界のなかで位置づけなければ意味がなくなると思う。ヴァナキュラーな歴史学や民俗学においては今では常識化しつつあるこうした考え方が、「鳥類の自然史」となったとたんに、旧来の日本国内だけを前提とした歴史観にたって書かれていることがあまりに多いというのが、ぼくの実感だった。この点を、「世界の中の日本」での「鳥と人間の文化誌」に広げることができたかどうかは読者の判断を待ちたい。

その過程でまた、「鳥類学」の常識という不思議なものがあることに気がついた。たとえば「餌付け」について、たとえば「飼鳥」について、あるいは「外来生物」について、それらは「鳥学」界では否定されていた。

ここでは「猫」も外来生物だ。でも「渡り鳥」はどうなのだろう。「ニワトリ」も大陸から人間が持ち込んだ。「ハト」もまた、ヨーロッパから持ち込まれた外来鳥類だ。どの判断が正しいのか、ぼくにはわからない。そうした、立場によって対立しがちな複雑な背景をもつことに決着をつけようというのは、もはや本書の守備範囲ではない。吉本流に（隆明でもなく、ばななでもない、ヨシモトの）「まあ、今日はこれくらいにしといたるわ」とツィートしておこう。

そのような気分でいると、所属する研究所や大学だけでなく、それ以前に生まれた京都でも、若いころに訪れたヤマギシ会やアーミッシュなどでも、知らずしらずのうちに「鳥」を見ていたんだと納得できた。そうした人知を超えた鳥とのご縁の流れにさからうことはできない。この本も、解剖学の研究室からでもなく、熱帯のジャングルからでもなく、ふるさとの祇園祭とその千年前の記載からはじめたのは、そうしたわけだった。

『パソコン少年のコスモロジー――情報の文化人類学』（筑摩書房、一九九〇年）を書かせていただいたのは三十年前だった。その後もデズモンド・モリスの『ジェスチュア――しぐさの西洋文化』（ちくま学芸文庫、二〇〇四年）の共訳など、仕事のとっかかりをつくっていただいた筑摩書房に、こうして渡り鳥が巣帰りをさせていただけたことに深く感謝を申しあげるとともに、編集を担当してくださった湯原法史さん、原稿作業をヘルプしてくださった株式会社ミューズの鶴野美代さん、研究室秘書の岡本京子さんに心からの感謝の意を表したい。

各地でぼくの素朴な質問に答えてくださった、鳥にかかわる仕事をされている方々にも深く感謝したい。とくに鵜飼文化調査のフィールドを提供していただき、全国の鵜飼関係者をご紹介いただいた社団法人嵐山鵜飼観光文化振興協会の湯川直樹氏には、心から感謝したい。

また、本書を書くにあたっては他分野の多くの方々に、ご教示いただいている。そのお名前をすべてあげることは到底かなわないが、とくに林良博先生(国立科学博物館館長)、秋篠宮文仁殿下(山階鳥類研究所総裁)、中牧弘允先生(吹田市立博物館長)、遠藤秀紀先生(東京大学総合研究博物館教授)、天野卓先生(ヤマザキ動物看護大学副学長)、大西辰彦先生(京都産業大学副学長)、綿貫豊先生(北海道大学水産科学研究院教授)、山岸哲先生(兵庫県コウノトリの郷園長)、池谷和信先生(国立民族学博物館教授)、久保田稔先生(関西学院大学教授)、内田慶一先生(関西大学アジア文化研究センター教授)、ルイス・シルベイラ先生(サンパウロ大学動物学博物館教授)、細井戸大成先生(獣医師)、若生謙二先生(大阪芸術大学教授)、村治笙子先生(古代エジプト壁画研究家)、細川博昭さん(飼鳥史研究家)、長井弘勝さん(編集者、東アジアバードウオッチャー)と、尾崎清明先生、壬生基博さん、平岡孝さん、山﨑剛史さん、出口智広さん、鶴見みや古さん他の山階鳥類研究所の皆様には、多数のことを教えていただいた。

とはいえ、この方々がぼくの考えに同意されているというわけでは全くない。この本の記述は、あくまで筆者の独断によるものであることをお断りしておく。

また本書の表紙に作品（「白翁群鶏図」）の使用を快諾していただいた、ぼくの最初の勤務大学、京都造形芸術大学（勤務時は京都美術短大）出身の（日本画家ならぬ）ニッポン画家、山本太郎氏にお礼を述べたい。

なお本書は、文部科学省科学研究費補助金、公益財団法人日産財団、嵐山通船株式会社、関西学院大学特別研究費などの研究助成金を受けて行った研究の一部である。刊行にあたっては関西学院大学研究叢書出版助成を受けた。記して感謝する。

二〇一九年三月十日

奥野卓司

参考文献

はじめに
清少納言『枕草子』（第四八段「鳥は」）島内裕子校訂訳、ちくま学芸文庫、二〇一七年
ダフネ・デュ・モーリア『鳥』務台夏子訳、創元推理文庫、二〇〇〇年

第一章
佐々木高明『稲作以前』日本放送出版協会、一九七一年
中尾佐助『現代文明ふたつの源流照葉樹林文化・硬葉樹林文化』朝日選書、一九七八年
梅棹忠夫『狩猟と放牧の世界』講談社、一九七六年
リチャード・バック『かもめのジョナサン』五木寛之訳、新潮社、一九七四年
並木五瓶『金門五山桐』（国立劇場、平成二二年三月花形歌舞伎公演）上演台本第268回
松井今朝子『歌舞伎の中の日本』NHK出版、二〇一〇年
コンラート・ローレンツ『人イヌにあう』小原秀雄訳、至誠堂新書、一九七二年
M・Wフォックス『イヌの心がわかる本――エソロジーの視点から』奥野卓司他訳、ダイヤモンド社・朝日新聞文庫、一九七九年
犬丸治『「菅原伝授手習鑑」精読――歌舞伎と天皇』岩波書店、二〇一二年
第一三四回文楽公演『菅原伝授手習鑑』（国立文楽劇場、平成二六年四月）上演資料集、通し狂言二段目東天紅の段（豊竹咲甫太夫）

林良博・森裕司・秋篠宮文仁・池谷和信・奥野卓司（編著）『ヒトと動物の関係学　第1巻　動物観と表象』岩波書店、二〇〇九年
遠藤秀紀『ニワトリ　愛を独り占めにした鳥』光文社新書、二〇一〇年
秋篠宮文仁『鶏と人――民族生物学の視点から』小学館、二〇〇〇年
小松左京『鳥と人――とくにニワトリへ感謝をこめて』文春ネスコ、一九九二年
松井章（編著）『食の文化フォーラム33　野生から家畜へ』ドメス出版、二〇一五年
矢野晋吾『NHKカルチャーラジオ　歴史再発見　ニワトリはいつから庭にいるのか――人間と鶏の民俗誌』NHK出版、二〇一七年
梅棹忠夫・阿部健一・上野千鶴子・奥野卓司ほか『Kawade夢ムック　文藝別冊　梅棹忠夫――地球時代の知の巨人』河出書房新社、二〇一一年
小松和彦・内藤正敏『鬼がつくった国・日本――歴史を動かしてきた「闇」の力とは』光文社、一九九一年
小松和彦ほか『歴博フォーラム　動物と人間の文化誌』吉川弘文館、一九九七年
加茂儀一『家畜文化史』法政大学出版局、一九七三年
花渕馨也ほか（著）、シンジルト・奥野克己（編著）『動物殺しの民族誌』昭和堂、二〇一六年
中牧弘允『ひろちか先生に学ぶ　こよみの学校』つくばね舎、二〇一五年
川上和人『そもそも鳥に進化あり』技術評論社、二〇一六年
青木営治（編著）『山階芳麿の生涯』山階鳥類研究所、一九八二年
松岡正剛『花鳥風月の科学――日本ソフトウェア』淡交社、一九九四年
米山俊直『「日本」とはなにか――文明の時間と文化の時間』人文書館、二〇〇七年

山本太郎『ニッポン画物見遊山』青幻舎、二〇〇九年

第二章

折口信夫「鶏鳴と神楽と」『折口信夫全集2』中央公論社、一九五五年
鈴木棠三『佐渡島昔話集』（柳田國男編「全国昔話記録」シリーズ）三省堂、一九四二年
下村洋史・飯沢耕太郎・嶋田忠・吉田成・塚本洋三『下村兼史　生誕一一五周年――一〇〇年前にカワセミを撮った男』（展覧会図録）山階鳥類研究所、二〇一八年
原信田実『謎解き　広重「江戸百」』集英社新書、二〇〇七年
辻惟雄『奇想の江戸挿絵』集英社新書ヴィジュアル版、二〇〇八年
辻惟雄『日本美術の歴史』東京大学出版会、二〇〇五年
塚本學『歴博ブックレット⑤　江戸図屏風の動物たち』歴史民俗博物館振興会、一九九八年
狩野博幸・森本泰昌ほか『異能の画家　伊藤若冲』新潮社、二〇〇八年
国立劇場上演資料集〔五〇二〕『第一六〇回文楽公演　夏祭浪花鑑　菅原伝授手習鑑』国立劇場調査資料課（編集）、日本芸術文化振興会、二〇〇七年
Ｍｉｈｏ Ｍｕｓｅｕｍ（編）『若冲ワンダーランド』展覧会図録、二〇〇九年
東京富士美術館（編）『東京富士美術館日本美術名品選集』、二〇一六年
神坂雪佳・山本太郎『琳派からの道――神坂雪佳と山本太郎の仕事』青幻舎、二〇一五年
今橋理子『江戸の花鳥画　博物学をめぐる文化とその表象』スカイドア、一九九九年
今橋理子『江戸の動物画　近世美術と文化の考古学』東京大学出版会、二〇〇四年
荒俣宏『図鑑の博物学』リブロポート、一九八四年

第三章

ロナルド・トビ『全集日本の歴史第9巻「鎖国」という外交』小学館、二〇〇八年
深作光貞『アンコール・ワット』角川文庫、一九六五年
山室恭子『黄門さまと犬公方』文春新書、一九九八年
細川博昭『大江戸飼い鳥草紙——江戸のペットブーム』吉川弘文館、二〇〇六年
マイケル・W・フォックス『ネコのこころがわかる本』奥野卓司他訳、朝日文庫、一九九一年
柴田光彦（編）『曲亭馬琴日記』（全四巻別巻一）中央公論新社、二〇〇九—二〇一〇年
鈴木卯三郎編『牧之翁百年祭記念集』鈴木牧之翁追慕会刊、一九四一年（国会図書館）『鈴木牧之記念集』山階鳥類研究所蔵
大田南畝「蘆の若葉」『大田南畝全集第八巻』岩波書店、一九八六年
若生謙二『動物園革命』岩波書店、二〇一〇年
加藤貴校訂『漂流奇談集成』（叢書江戸文庫1）国書刊行会、一九九〇年
菅茶山著・日野龍夫校注編「筆のすさび」『新日本古典文学大系 99』岩波書店、二〇〇〇年
上村以和於『仮名手本忠臣蔵』慶應義塾大学出版会、二〇〇五年
服部仁『八犬伝錦絵大全』芸艸堂、二〇一七年
平岡昭利『アホウドリを追った日本人——一攫千金の夢と南洋進出』岩波新書、二〇一五年
田中千博『食の鳥獣戯画——江戸の意外な食材と料理』高文堂出版社、二〇〇六年
原田信男『江戸の食生活』岩波書店、二〇〇三年
奥野卓司『江戸〈メディア表象〉論——イメージとしての〈江戸〉を問う』岩波書店、二〇一四年

高橋大輔『漂流の島――江戸時代の鳥島漂流民たちを追う』草思社、二〇一六年
曲亭馬琴（作）渥美清太郎（脚色）尾上菊五郎（監修）『平成二十七年初春　国立劇場歌舞伎公演上演台本　通し狂言南総里見八犬伝　五幕九場』国立劇場文芸研究会、二〇一五年
蜂須賀正氏『南の探検』平凡社ライブラリー、二〇〇六年
村上紀史郎『絶滅鳥ドードーを追い求めた男――空飛ぶ侯爵、蜂須賀正氏　一九〇三―五三』藤原書店、二〇一六年
根崎光男『犬と鷹の江戸時代――《犬公方》綱吉と《鷹将軍》吉宗』吉川弘文館、二〇一六年
水田拓・高木昌興（共編）『島の鳥類学――南西諸島の鳥をめぐる自然史』海游社、二〇一八年
中村真一郎『木村蒹葭堂のサロン』新潮社、二〇〇〇年
上野益三『薩摩博物学史』島津出版会、一九八二年
井田徹治『鳥学の一〇〇年――鳥に魅せられた人々』平凡社、二〇一二年
芳賀徹『文明としての徳川日本　一六〇三―一八五三年』筑摩選書、二〇一七年
田中優子『江戸の想像力――18世紀メディアと表徴』ちくま学芸文庫、一九九二年
土井康弘『本草学者　平賀源内』講談社、二〇〇八年
国立劇場上演資料集〔五九〇〕『第二九三回歌舞伎公演　通し狂言南総里見八犬伝』国立劇場調査養成部調査記録課（編集）、日本芸術文化振興会、二〇一五年

第四章

コンラート・ローレンツ『ソロモンの指環』日高敏隆訳、早川書房、一九六三年
コンラート・ローレンツ『攻撃I』日高敏隆・久保和彦共訳、みすず書房、一九七〇年

『瀬戸内海および周辺地域の漁撈用具と習俗』瀬戸内歴史民俗資料館、一九七八年
Richard J. King, "The Devil's Cormorant: A Natural History", University of New Hampshire Press., 2013.
小山修三『縄文時代――コンピュータ考古学による復元』中公新書、一九八四年
可児弘明『鵜飼 よみがえる民俗と伝承』中公新書、一九九九年
紫式部『源氏物語（一）桐壺―末摘花』柳井滋・室伏信助現代語訳、岩波文庫、二〇一七年
山本弘「岩手県におけるウミウ繁殖について」『山階鳥類研究所研究報告第五巻一号』一九六七年
F・E・ゾイナー『家畜の歴史』国分直一・木村伸義訳、法政大学出版局、一九八三年
ベルトルト・ラウファー『鵜飼 中国と日本』小林清市訳、博品社、一九九六年
室城秀之ほか『和歌文学大系18小町集・業平集・遍昭集・素性集・伊勢集・猿丸集』明治書院、一九九八年
網野善彦「中世における鵜飼の存在形態――桂女と鵜飼」『日本史研究一三五』日本史研究会、一九七三年
網野善彦『日本の歴史をよみなおす（全）』ちくま学芸文庫、二〇〇五年
白幡洋三郎『大名庭園――江戸の饗宴』講談社選書メチエ、一九九七年
堀内讃位『写真記録 日本鳥類狩猟法』三省堂、一九三九年
綿貫豊『もっと知りたい！ 海の生きものシリーズ⑥ ペンギンはなぜ飛ばないのか？――海を選んだ鳥たちの姿』恒星社厚生閣、二〇一三年
周達生『民族動物学――アジアのフィールドから』東京大学出版会、一九九五年
『長良川鵜飼再発見』長良川鵜飼文化の魅力発信事業実行委員会、二〇一三年
赤坂憲雄・中村生雄・原田信男・三浦祐之（編著）『さまざまな生業』岩波書店、二〇〇二年

第五章

鈴木七美『アーミッシュたちの生き方――エイジ・フレンドリー・コミュニティの探求』人間文化研究機構国立民族学博物館、二〇一七年
大倉健宏『ペットフレンドリーなコミュニティ――イヌとヒトの親密性・コミュニティ疫学試論』ハーベスト社、二〇一六年
石田戢『日本の動物園』東京大学出版会、二〇一〇年
山下正男『動物と西欧思想』中公新書、一九七四年
正富宏之ほか『鳥獣採集家　折居彪二郎採集日誌――鳥学・哺乳類学を支えた男』折居彪二郎研究会、二〇一三年
たかひらなおみ『トキのやくそく』銀の鈴社、二〇一六年
川上和人『鳥肉以上、鳥学未満。』岩波書店、二〇一九年
駒井亨『ブロイラーは世界を救う』木香書房、二〇一八年
林良博・近藤誠司・高槻成紀『ヒトと動物――野生動物・家畜・ペットを考える』朔北社、二〇〇二年
ハリエット・リトヴォ『階級としての動物――ヴィクトリア時代の英国人と動物たち』三好みゆき訳、国文社、二〇〇一年
上田恵介（編著）『野外鳥類学を楽しむ』海游舎、二〇一六年
バーナード・ルドフスキー『さあ横になって食べよう――忘れられた生活様式』奥野卓司訳、鹿島出版会、SD選書版初版（大型本）一九八五年
奥野卓司『パソコン少年のコスモロジー――情報の文化人類学』筑摩書房、一九九〇年
D・モリス『ジェスチュア――しぐさの西洋文化』多田道太郎・奥野卓司訳、ちくま学芸文庫、二〇〇四年

第六章

関西学院大学キリスト教と文化研究センター（編）樋口進（編著）『自然と問題の聖典――人間の自然とのよりよい関係を求めて』キリスト新聞社、二〇一三年
国立劇場上演資料集〔六〇二〕『第二九八回歌舞伎公演　通し狂言小春隠沖津白浪―子狐礼三』国立劇場調査養成部調査記録課（編集）、日本芸術文化振興会、二〇一六年
細川博昭『鳥を識る　なぜ鳥と人間は似ているのか』春秋社、二〇一六年
山岸哲『げんきくん物語――海をわたったコウノトリの大冒険』講談社、二〇一八年
片山真人『暦の科学』ベレ出版、二〇一二年
梅棹忠夫『美意識と神さま』中央公論社、一九八一年
田中優子『未来のための江戸学――この国のカタチをどう作るのか』小学館、二〇〇九年
手塚治虫『火の鳥』全十三巻、角川文庫、二〇一八年

奥野卓司（おくの・たくじ）
一九五〇年京都市生まれ。京都工芸繊維大学大学院修了。京都芸術短期大学助教授、イリノイ大学客員准教授、甲南大学教授を経て、二〇一九年まで関西学院大学社会学部教授。現在は同大学名誉教授、ヤマザキ動物看護大学特任教授の他、公益財団法人山階鳥類研究所所長を務める。専門は情報人類学、動物人間関係学。著書に『江戸〈メディア表象〉論』、『情報人類学の射程』（ともに岩波書店）、『人間・動物・機械——テクノ・アニミズム』（角川新書）、『パソコン少年のコスモロジー』（筑摩書房）の他、編著に『ヒトと動物の関係学』全四巻（岩波書店）、訳書に『ジェスチュア』（D・モリス、共訳、ちくま学芸文庫）、『イヌのこころがわかる本』『ネコのこころがわかる本』（M・W・フォックス、共訳、朝日文庫）など多数。

鳥《とり》と人間《にんげん》の文化誌《ぶんかし》

二〇一九年四月二五日　初版第一刷発行

著者　奥野卓司
装画　山本太郎
装幀　神田昇和
発行者　喜入冬子
発行所　株式会社筑摩書房
東京都台東区蔵前二—五—三　〒一一一—八七五五
電話番号　〇三—五六八七—二六〇一（代表）
印刷　三松堂印刷株式会社
製本　牧製本印刷株式会社

ISBN978-4-480-82380-9 C0039

〔関西学院大学研究叢書　第２０５編〕